Buchstaben sind praktische & nützliche Zeichen, aber ebenso reine Form & innere Melodie.

WASSILY KANDINSKY

Hannah Rabenstein

Hand Lettering
von a bis z
Schreiben & Gestalten

EMF

Ein Buch der
Edition Michael Fischer

INHALT

Vorwort	6

Kapitel 1 – BASICS — 8

Anatomie	10
Schreibwerkzeug	12
Oberflächen	24
Aller Anfang	26
Der Flow	36

Kapitel 2 – PAPIER — 46

Einstieg	48
Karten	50
Umschläge	58
Tischkarten	62
Einpacken	66
Girlande	72
Landkarte	76

Kapitel 3 – STOFF — 82

Jeans	84
Beutel	86
Leinwand	90
Schuhe	94

Kapitel 4 – NATUR — 98

Holz	100
Blätter	102
Ton	106
Kork	108
Schiefer	110
Leder	112

Kapitel 5 – GLAS — 116

Gefäße	118
Schmuck	122
Geschirr	124
Fenster	128

Kapitel 6 – TAFEL — 134

Tipps	136
Kleine Botschaften	138

Die Autorin	142
Danksagung	143
Impressum	144

VORWORT

DAS DING *mit den Buchstaben …*

…das ist so ein Gefühl.
Dieses Buch ist ein sehr, sehr persönliches Werk. Denn ich sehe mich nicht in der Position, oder möchte mich vielmehr nicht in der Position sehen, Sie anzuleiten oder Ihnen etwas »vorzuschreiben« – denn darum geht es bei diesem wahnsinnig vielseitigen, individuellen und vor allem sinnlichen Thema auch gar nicht.

Es geht in erster Linie um Emotionen, um die Gefühle, die dabei mitschwingen oder die dabei entstehen – bei sich selbst oder beim Betrachter. »Von A bis Z«, das reicht von der *Angst* vor dem Anfangen bis hin zur *Zufriedenheit* über das Ergebnis am Ende.

Ich möchte Ihnen zeigen, wie ich persönlich zum Handlettering gekommen bin, Ihnen einige wertvolle Tipps und Tricks verraten und meine eigene Geschichte und Erfahrungen zeigen. Denn am Ende erzählt eben jede Arbeit, jedes Objekt, jedes Bild auch ein Stück weit eine Geschichte.

Nun wünsche ich Ihnen einen gemütlichen Platz zum Schwelgen in diesem Buch, zum Eintauchen in ein eventuell ganz neues Thema für Sie oder zum besser Kennenlernen, zum Dazulernen und am Ende natürlich zum Selbermachen!

SCHREIB' mal wieder

Kapitel 1
Basics

In diesem Kapitel möchte ich Ihnen einen ganz persönlichen Einblick in meine Herangehensweise an das Thema *Handlettering* geben, Ihnen Werkzeuge und Oberflächen zeigen und auch ein paar Tipps und Tricks ausplaudern, die nicht nur mir, sondern im besten Fall auch Ihnen helfen können!

Anatomie *10*
Fachsimpelei

SCHREIBWERKZEUG *12*
Ziemlich beste Freunde

OBERFLÄCHEN *24*
Nichts ist unmöglich

ALLER ANFANG *26*
Heranspaziert

DER FLOW *36*
Berühmt-berüchtigt

Basics *Anatomie*

Ein gewisses Stück weit kann man natürlich alles Neue oder Unbekannte einfach einmal für sich ausprobieren, ohne groß darüber nachzudenken oder sich vorab genau darüber zu informieren oder zu lesen.

Allerdings sehe ich das Thema Handlettering, vielleicht auch aufgrund meines eigenen Werdegangs, ähnlich wie das Lernen eines neuen Instruments: Sicherlich kann ich mir eine Geige kaufen und einfach mal loslegen. Aber früher oder später brauche ich vielleicht doch etwas Hilfe, ob das in Form eines Kurses oder eines Buches ist. Hier möchte ich Ihnen einige wenige, aber für mich sehr wichtige Grundkenntnisse im Bereich der Typografie zeigen und erklären. Die Welt der Typografie ist riesig, aber wir möchten es nicht verkomplizieren, sondern uns auf einige Basics beschränken. Aber Sie werden sehen: Diese Tipps, Informationen und auch Stilrichtungen oder Besonderheiten können Sie schnell erlernen und eben auch in Ihre eigenen Arbeiten einbringen und einfließen lassen. Denn letzten Endes finde ich es wichtig, dass man auch weiß, was man da gerade tut.
Viel Freude bei diesem kurzen „Lern-Exkurs" mit unseren wunderbaren Buchstaben!

Kapitälchen und Ziffern

Die sogenannten Kapitälchen sind Großbuchstaben, die in x-Höhe einer Schrift gezeichnet sind, von der Strichstärke her aber zu den Kleinbuchstaben passen. So werden sie gerne für (Eigen-)Namen oder Hervorhebungen in Fließtexten verwendet. 0 bis 3 sind normale Ziffern, während 4 bis 9 im Stil der sogenannten Mediävalziffern gezeichnet sind. Diese haben Ober- und Unterlängen und sind auf x-Höhe der Kleinbuchstaben gezeichnet.

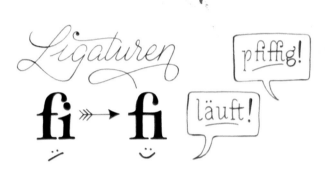

Ligaturen

Eine Verbindung aus zwei oder drei Buchstaben, nennt man Ligatur. Der »i«-Punkt und das »f« würden im Fließtext eine unschöne »Kopfnuss« ergeben. Um diese zu vermeiden und ein gleichmäßiges Schriftbild zu bekommen, setzt man eine Ligatur. Sie, »ft« oder »fl« sind die gebräuchlichsten Ligaturen.
Auch aus dem Französischen oder Skandinavischen kennen wir Ligaturen. Sie werden für besondere Laute verwendet.
Und auch unser kaufmännisches »&«-Zeichen ist ursprünglich eine Ligatur: Sie entstand aus dem Lateinischen Wort »et« für »und«.

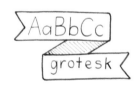

Schriftarten

Eine Schriftart besteht aus verschiedenen Schriftschnitten und ergibt so eine Schriftfamilie. Die häufigsten und gängigsten Schnitte sind fett und kursiv, oder auch gestaucht und weit.

Basics *Schreibwerkzeug*

SCHREIBWERKZEUG

ziemlich BESTE FREUNDE

Oft werde ich gefragt, welche Stifte ich verwende oder empfehlen kann. Deshalb habe ich – für mich und natürlich für Sie – eine Auswahl getroffen, die in keinem Federmäppchen fehlen sollte, wenn es um's Lettering geht. Echte »*all-time-favourites*« sozusagen.

Für die Basic-Liste zu Beginn habe ich fünf unterschiedliche Stifte ausgesucht, die man immer gebrauchen kann:

Bleistift, Füller, Fine Liner, Brush Pen und Kalligrafie-Füller. Im Folgenden stelle ich Ihnen die Stifte und deren Charaktere ausführlich mit Schriftbeispielen vor.

BLEISTIFT

Zum guten alten und treuen Bleistift muss ich wohl nicht viel sagen. Der beste Freund, wenn es um Skizzen, Entwürfe, schnelle Scribbles oder Layouts geht. Ich persönlich verwende eher harte Stärken wie F (für »*firm*« oder fest), H (für »*hard*« oder hart) oder HB (für »*hard-black*« oder mittel). Einfach, damit meine Vorzeichnungen nicht zu schnell verwischen, wie es bei einem weicheren Bleistift wäre. Andererseits kann bei einer reinen Bleistift-Arbeit gerade der Kontrast zwischen harten und weichen Stärken sehr spannend sein. Auch hier gilt: ausprobieren! Aber am Wichtigsten: **stets einen parat haben.**

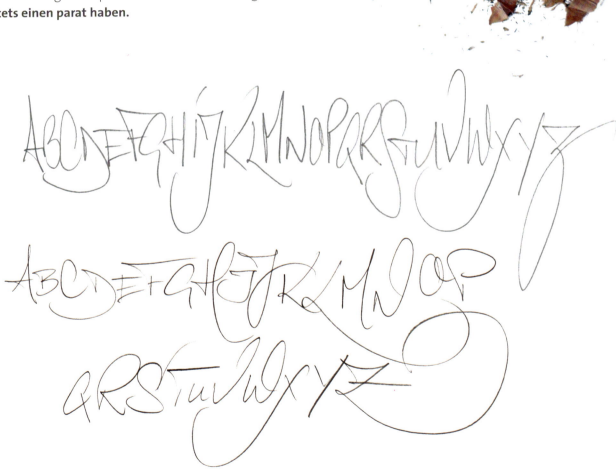

BRUSH PEN

Auch im Bereich der Brush Pens ist die Auswahl riesig. Um nur ein paar Fabrikate zu nennen: *Faber-Castell, Molotow, Pigma, Tombow,* etc. Wie der Name schon sagt, liegt die Besonderheit dieser Stifte in ihrer Spitze, die wie ein Pinsel beschaffen ist. Manche sind sehr flexibel und weich, andere hingegen eher härter und es gibt sie in verschiedensten Breiten, Größen und Längen.

Meine persönlichen Favoriten sind der »*touch pen*« von *Pentel* und sein größerer Bruder »*color brush*«. Während der touch pen eine eher feste, kleine Spitze hat, besticht der große color brush durch seine langen, weitaus flexibleren (Kunststoff-)Haare. Mit dem Kleinen lassen sich sehr genaue, detaillierte und feine Schriften schreiben, während der Große eher für gröbere und natürlich größere Arbeiten geeignet ist. Ein besonders schöner Effekt ergibt sich, wenn man mit ihm schnell schreibt: So sieht man, wie bei einem richtigen Pinsel, ganz deutlich den Duktus, was spannende Ergebnisse erzielen kann.

FÜLLER

Viel zu lange habe ich nicht mehr mit Füller geschrieben, dabei ist es ein so traditionelles und besonderes Schreibwerkzeug. Vor einer Weile habe ich meinen Lieblingsfüller für mich entdeckt: der kleine *Kaweco »Liliput«*. Ich mag ihn, nicht nur wegen seiner so handlichen Größe (im geschlossenen Zustand ist er gerade einmal 97 mm lang), sondern auch, wie er in der Hand liegt: Obwohl er so klein ist, ist er angenehm schwer und es lässt sich toll mit ihm schreiben. Aber gerade bei einem Füller sollte jeder seinen eigenen Liebling finden.

Nichtsdestotrotz: Jede Notiz, jeder Einkaufszettel, jeder Termin sieht mit Füller geschrieben gleich viel schöner aus als mit einem Kugelschreiber.

Also lautet der Beschluss,
dass der Mensch was lernen muss.
Nicht allein das ABC
bringt den Menschen in die Höh'.

max & moritz
4. STREICH

FINE LINER

Bewährte, hochpigmentierte und lichtechte Fine Liner gibt es z.B. von *Pigma*, in der Serie »*Micron*«. Im Set gibt es sie in den Stärken von 0,05 bis 0,8 mm.

Die ganz feinen sind unabdingbar für zarte Angelegenheiten und detailliertes Arbeiten: zum Ziehen von Outlines und zum Gestalten kleinerer Flächen, für spitze Ecken und feine Muster oder Verzierungen.

In Kombination damit verwende ich gerne dickere Fine Liner wie beispielsweise den »*Sign Pen*« von *Pilot*: Er besticht durch einen wirklich fantastischen Farbauftrag, der auch beim schnellen Schreiben oder Zeichnen nicht abreißt. Er ist ebenfalls gut für kräftigere Konturen und für das Ausfüllen von Flächen oder auch zum schnellen Skizzieren.

Basics *Schreibwerkzeug*

KALLIGRAFIE-FÜLLER

Man könnte die *Pilot* »*Parallel Pens*« schon fast zu den Klassikern zählen, aus der Lettering- und Kalligrafie-Szene sind sie nicht mehr wegzudenken. Anders als eine richtige Kalligrafie-Feder, die man immer von Hand neu befüllen muss, kommt hier die Farbe über zwei dünne Metallplättchen aus Patronen.

Erhältlich sind sie in den Stärken 1,5 / 2,4 / 3,6 und 6,0 mm; verpackt in einem kleinen Set aus Füller, drei verschiedenen Farbpatronen und Reinigungsutensilien. Der Parallel Pen ist ein wunderbares Werkzeug, um kalligrafische Schriften zu schreiben und zu üben und Winkel und Schwünge auszuprobieren.

Variabel ist die Handhabung dabei auch. Neben der ganzen Breite hat man auch die Möglichkeit, mit der scharfen und dünnen Kante zu schreiben. Durch schnelles Schreiben kann man ganz besonders reizvolle Ergebnisse erzielen: Das Metall rutscht über das Papier und hinterlässt einen aufgerissenen Strich, auch lässt sich die Tinte spritzen, was für spannende Details sorgen kann.

1　2　3

DIE VERWANDTSCHAFT

Neben diesen fünf ausgewählten Kategorien gibt es natürlich noch eine weitaus größere Vielzahl an Stiften und Markern, die sich für verschiedenste Materialien, Oberflächen und Vorhaben besonders gut eignen. Hier eine kleine Übersicht:

Graffiti-Marker

(1–3) Ihre Farben sind oft auf Acryl-Basis und bestechen durch Wetter-, Wasser- und UV-Beständigkeit. Sie eignen sich für nahezu jede Oberfläche, auch wenn diese nicht immer glatt und eben ist. So kann man mit ihnen prima verputzte Wände, Leder und Karton, aber auch Objekte und Möbel, Metall, Plastik, Holz und Glas gestalten. Sie sind nachfüllbar, die unterschiedlichen Spitzen kann man problemlos austauschen und sie kommen mit einer riesigen Farbauswahl! Von 2 bis 50 mm gibt es nahezu jede Breite, so sind sie perfekt für großflächige, experimentelle und ausdrucksstarke Arbeiten.

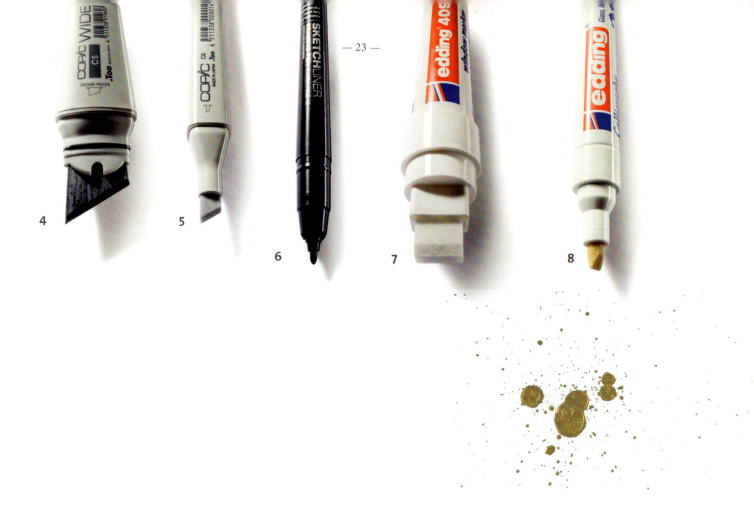

Layout-Marker
(4–6) Diese Marker in verschiedenen Breiten eignen sich für schnelle Sketches, dicke Outlines und zum Füllen von Flächen besonders gut. Ihr Farbauftrag ist sehr satt und kräftig.

Kreide-Marker
(7) Kreide in flüssiger Form. Bestens geeignet für Tafeln oder auf Tafellack. In Kombination mit normaler Tafelkreide entsteht übrigens eine spannende, kontrastreiche Optik! Für einen temporären Schriftzug – weil sofort wasserlöslich – eignen sie sich perfekt für Fenster, Spiegel oder Glas.

Lackstifte
(8) Ob Schwarz, Weiß oder glänzende Metallic-Töne, mit ihnen kann man verschiedenste Oberflächen gestalten. Hauptsache sie sind glatt! So verzieren und schmücken Sie Gläser, Flaschen, Vasen oder Geschirr, aber auch Metall oder Plastik eignen sich problemlos.

Flohmarktfund, heute: unverkäuflich!

Basics *Oberflächen*

Dreidimensional trifft auf Zweidimensional

Ein echtes Liebhaberstück

Macht einen schlanken Fuß

OBERFLÄCHEN
NICHTS
ist unmöglich

**Neben der Vielfalt an Schriftarten und Techniken zur Umsetzung, ist die Gestaltung mit und auf verschiedensten Materialien das, was ich an meiner Arbeit besonders schätze und liebe.
Und das Beste daran: Es ist wirklich NICHTS unmöglich! Dank verschiedenster Marker, Stifte und Farben können wir jede Oberfläche mit Schrift gestalten. Seien Sie kreativ – und vor allem mutig!**

Angefangen haben die ausgiebigen Materialstudien im Rahmen meiner Abschlussarbeit für mein Design-Studium. Dafür habe ich verschiedenste Oberflächen und Untergründe mit Handschrift gestaltet. Die Faszination für Haptik und Schrift konnte und durfte ich voll ausleben.

Und glücklicherweise ging es nach dem Studium auch gleich weiter: Von Schaufenstern über großflächige Wände und Tafeln bis hin zu Fahrzeugen wie Food-Trucks oder auch mal einer alten Vespa ist immer sehr viel Abwechslung geboten.

Aber keine Panik: Sie müssen sich weder eine alte Vespa zulegen noch sich gleich die heimische Wohnzimmerwand vornehmen. Meine Absicht und mein Wunsch ist es, Ihnen mit diesem Buch schlichtweg die großartige Vielfalt zu zeigen, die ich am Handlettering und an meiner Arbeit so sehr liebe.

Ganz nach dem Motto: Alles kann, nichts muss!

ALLER ANFANG
heran SPAZIERT

Egal ob Hobby oder Beruf – meiner Meinung nach ist es bei allem, was wir tun oder tun möchten, das Wichtigste, mit genug Herz bei der Sache zu sein.

So werde ich oft gefragt, wie und wann ich mit dem Schreiben begonnen habe. Und je mehr Zeit vergeht, desto weiter muss ich ausholen. Aber der wichtigste Punkt ist und bleibt die Liebe zu dem, was ich tue. Gut und gerne beschreibe ich das Ganze als Beziehung – die, wenn es nach mir geht, niemals enden wird.

Deshalb kann ich Ihnen nur meinen ganz persönlichen Werdegang beziehungsweise meine persönlichen Erfahrungen beschreiben, Ihnen gleichzeitig aber auch Tipps oder (Denk-)Anstöße geben, wie Sie Ihr Auge und am Ende Ihre Hand ein wenig schulen können.

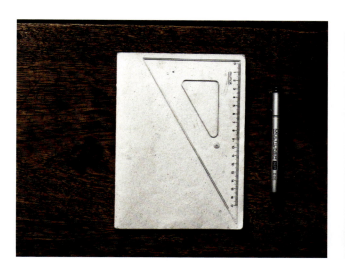

Werdegang

Die Welt der Schrift – egal ob in der Typografie oder im Handwerk – ist nahezu unendlich. Es ist ein faszinierender, ganz eigener Kosmos, in den man eintauchen kann. Es gibt wahnsinnig viel zu entdecken und kennenzulernen. Ein paar Schritte und auch meine eigenen Wege möchte ich nun mit Ihnen teilen.

Und hier kommen wir schon zu einem meiner wichtigsten Tipps für Sie, den ich wirklich jedem ans Herz lege, der sich mit Schrift und Handlettering beschäftigen möchte: Sehen Sie sich Schriftarten an! Und zwar ganz genau. Entwickeln Sie ein Auge für verschiedene Schrifttypen, für Details, Besonderheiten und für die Anatomie der einzelnen Buchstaben. Das Beste daran: Das Ganze funktioniert immer und überall. Denn Schrift ist in unserer Welt einfach omnipräsent. Egal wann und wo wir uns befinden, Schrift ist da. In Zeitungen, Magazinen und Büchern; in den Straßen, an den Häuserfassaden; in Bussen, Bahnen und Flugzeugen. Auf Verpackungen, Plakaten und Anzeigen und natürlich digital auf unserem Computer, im Internet und in Filmen.

Aus dem Effeff

Auf diese Art und Weise konnte ich mir über die Jahre eine regelrechte Bibliothek, eine Art Schriften-Katalog im Kopf schaffen, auf den ich heute bei meiner Arbeit und für meine Aufträge zurückgreifen kann. Auch heute noch beschäftige ich mich liebend gerne neben dem Handlettering auch mit der Typografie, also der Lehre von der gesetzten Schrift. Vor allem für meinen zweiten Schaffensbereich, dem Grafik Design, ist der Umgang mit gesetzter Schrift, beispielsweise für Layouts, unabdingbar und eine echte Wissenschaft für sich. Neben den Grundkenntnissen und -regeln kann man auch hier viel weiter eintauchen: in die Welt der Mikrotypografie. Genau genommen kann ich mit einem Augenzwinkern sagen, dass ich diesbezüglich schon eher ein Nerd bin.

Neben der eben genannten Bibliothek im Kopf gibt es natürlich auch noch die heimische Bibliothek. So viel will ich verraten: Es gab keinen Geburtstag oder kein Weihnachtsfest, an dem ich nicht ein neues Buch über Typografie, Schrift und Schreiben geschenkt bekommen habe. Heute besitze ich eine kleine, aber ausgewählte Sammlung an Büchern zu Hause. Das reicht von sehr wissenschaftlichen Nachschlagewerken bis hin zu wunderbaren und wertvollen Inspirationsquellen, die ich immer wieder gerne in die Hand nehme.

Die tägliche Dosis

Denn meiner Meinung nach ist und bleibt Inspiration für jeden Kreativen nicht nur nötig, sondern auch wichtig! Auch ich hole mir täglich meine Dosis Inspiration, schaue mir andere KünstlerInnen oder KollegInnen an, möchte up-to-date bleiben, bin immer wieder aufs Neue fasziniert von der Kreativität aus anderen, fernen Ländern – dem Internet sei Dank ist diese Vernetzung und dieser Austausch zum Glück kinderleicht und immer greifbar!

Wegbegleiter

Ein weiterer, unheimlich wichtiger Punkt im Laufe meines Studiums war das Praktikum bei meiner geschätzten Freundin und Kalligrafin Andrea Wunderlich. Durch die Arbeit mit ihr habe ich noch mal einen ganz anderen Blickwinkel auf das Thema Schrift bekommen und konnte das Ganze aus einer völlig anderen Perspektive betrachten. Während es in der Kalligrafie, sagen wir mal, sehr diszipliniert zugeht und ich mich viel mit historischen Alphabeten und Buchstabenformen beschäftigt habe, ist es beim Handlettering oft so, dass man Buchstaben eher zeichnet, statt sie durchgehend in einem Fluss zu schreiben. Mit dem gelernten Know-how aus der Kalligrafie konnte ich meinen eigenen Stil weiterentwickeln und verändern. Nicht zuletzt der neuen Einflüsse und Eindrücke wegen, die ich in meine Arbeiten eingebaut habe – und immer noch tue.

Einige Jahre später konnte ich mir dann endlich einen lang ersehnten Traum erfüllen: mein erstes Graffiti umsetzen! Schon zu meiner Abitur-Zeit habe ich mich sehr für diese Kunst interessiert. Die Arbeit und vor allem die unglaublichen Ergebnisse, die man mit einer Spraydose erzielen kann, haben mich total fasziniert. Ich habe mich – zumindest auf Papier – ein wenig daran versucht, aber es nie wirklich verfolgt oder daran weiter gearbeitet.

Das sollte sich ändern. Zu verdanken habe ich das meinem Freund. Heute gestalten wir zusammen Wände und können uns gegenseitig inspirieren und anregen. In jeder Hinsicht einfach nur wertvoll.

Zusammenfassend waren und sind die Kalligrafie und das Graffiti zwei sehr wichtige und nach wie vor sehr präsente Inspirationsquellen für mich. Und ich bin sehr froh darüber, denn beide haben mich ein ganzes Stück weit zu der Person gemacht, die ich heute bin.

Bitte wiederholen!

Einen so simplen wie hilfreichen Tipp gab mir einst mein Chef während meiner Praktikumszeit in einer Design-Agentur in Frankfurt am Main. Klaus Eckert ist Professor für Typografie an der Hochschule Mainz und hat schnell meine Liebe zu Buchstaben und zur Schrift entdeckt. Oft konnte ich ihn um Rat fragen und zeigte ihm meine Arbeiten. Einmal sagte er: »Beschäftige dich zuerst mit den Konturen eines Buchstabens. Wie sieht er aus, wie ist er aufgebaut. Lege seine Anatomie fest. Erst dann kümmerst du dich um die restliche Gestaltung und die Details.« *Die Anatomie der Buchstaben*, diese Formulierung werde ich nie vergessen!

Das kleine Heft, das Sie auf den Seiten 26 und 27 sehen, habe ich mir im mumok in Wien gekauft. Ich fand es hübsch, die Linierung darin interessant. Und dann lag es, wie so oft, eine Weile in einer Schublade und hat auf seine Verwendung gewartet.
Und die sollte es finden. Es ist manchmal schon amüsant, wie man sich an kleinste Details erinnern kann: So saß ich wie so oft an einem Freitagabend im Zug zurück von Frankfurt nach Nürnberg. Mit dem wertvollen Tipp und dem Heft im Gepäck fing ich mit einem kleinen »a« an, dann folgte das »b«, das »c« ... – es nahm also seinen Lauf. Immer, wenn ich eine Pause gemacht habe oder nicht mehr weitermachen wollte, habe ich das Datum dazu geschrieben. So schafft man sich zusätzlich einen zeitlichen Überblick und kann am Ende seine Entwicklung sehen.

Ich freue mich jedes Mal, wenn ich das Büchlein wieder finde und darin blättere. Es ist interessant und erstaunlich zu sehen, wie man sich selber von der ersten bis zur letzten Seite entwickelt hat! Das sieht man nicht nur am Strich an sich, sondern auch an der Sicherheit, die darin liegt. Es mag auf den ersten Blick vielleicht seltsam klingen, aber wie gesagt: Diese Übung ist so simpel und hilfreich zugleich, dass man sie eigentlich öfter tun sollte.

Obacht!

Zum Abschluss mein simpler Rat: Seien Sie wachsam und aufmerksam! Saugen Sie Inspirationen, Einflüsse und Ihre Umgebung förmlich auf. Die besten Ideen kommen oft dann, wenn man am wenigsten mit ihnen rechnet. So passiert es mir häufig, dass ich Worte, Gesprächsfetzen, Texte oder Zitate sozusagen im Vorbeigehen aufschnappe.

Schon bei scheinbar belanglosem Small-Talk mit Freunden begegnen mir Worte, die mich kurz innehalten lassen – entweder noch nie oder schon lange nicht mehr gehört, faszinieren sie mich und dann fällt auch gerne mal der Satz: »Das könntest du doch mal schreiben, Hannah!«

Legen Sie sich ein Notizbuch oder eine Liste im Handy an. Sammeln und speichern Sie alles, was Ihnen über den Weg »läuft«, was sie lesen, sehen und hören. Was Sie fesselt und bewegt. Hören Sie aufmerksam zu, bei Musiktexten funktioniert das ganz hervorragend.

Sie sind eine unerschöpfliche Inspirationsquelle für mich. Es macht Spaß, sich so seinen eigenen kleinen Inspirations-»Fundus« zu schaffen, auf den man immer zurückgreifen kann, wenn einem mal gar nichts mehr einfällt oder wenn man einfach nur mal wieder nachlesen möchte, was man sich so notiert hat. Das Schöne ist, dass jede Notiz ihre eigene kleine Geschichte und Erinnerung mit sich trägt. Diese können die verschiedensten Emotionen in uns hervorrufen. Wo wir wieder beim Thema wären: Schrift ist Emotion. Buchstaben sind Träger und Auslöser für Gefühle.

Sie lassen uns lachen, schmunzeln und staunen, aber genau so gut können sie uns nachdenklich oder traurig stimmen. Egal was Sie schreiben, Sie schreiben es, weil das Wort oder der Text Sie berührt hat. Am Ende ist es Ihr ganz persönliches Ding, Ihre Erinnerung und Ihre Geschichte. Schreiben Sie sie auf! Halten Sie sie fest. Erinnerungen verblassen irgendwann. Die beste Möglichkeit, das zu verhindern, ist es, sie niederzuschreiben. Abschließend kann ich nur sagen: Die besten Inspirationen liefert das Leben. Stürzen Sie sich hinein!

Telefon-Kritzeleien mal anders:

Beispielhaft

Schritt für Schritt möchte ich Ihnen die Umsetzung eines, für mich typischen, Letterings anhand eines wunderbar passenden Zitates zeigen.

Von der Bleistiftvorzeichnung bis hin zum fertigen Bild gebe ich Ihnen dazu einige Tipps und Tricks, sowie eine Erklärung der gewählten Schriftarten.

»Einzeln« durch getrennte Buchstaben darstellen

»sind wir« und »ein« als »Raumfüller« setzen.

»Worte« ≙ statisch, massiv, Basis, Säule

»zusammen« als Kontrast zu »Einzeln«
→ bekommt durch den Banner einen Rahmen
≙ Zusammengehörigkeit

»Gedicht« ≙ Poesie, zart, verschnörkelt
→ Kontrast zum statischen »Worte«

Schritt 1
Wenn die Bleistiftvorzeichnung steht und Sie zufrieden sind, geht es an die Ausarbeitung und Reinzeichnung. Ich arbeite dort immer unterschiedlich: Je nach Tagesform und Ruhe meiner Hand beginne ich mit einfachen Parts und arbeite schwierigere Stellen, wie Schwünge, lange Linien oder ähnliches, am Ende aus.

Schritt 2
Damit nichts verwischt, legen Sie sich immer ein sauberes Blatt Papier unter. Hier können Sie sehen: Die geraden Buchstaben »W, R, T, E« habe ich gleich bearbeitet; das »O« musste noch warten.

Schritt 3
Alles, was Sie für diese Gestaltung brauchen, ist ein dünner Fine Liner und ein etwas stärkerer zum Ausfüllen der Flächen. Wie hier beim schwungvollen »Gedicht« ziehe ich erst die Outlines, also Konturen nach, ehe ich die Flächen ausfülle. Das hat einen einfachen Hintergrund: Sollte mal etwas schiefgehen, können Sie eine krakelige Stelle immer noch besser retten, als wenn Sie gleich mit einem dicken Stift anfangen zu arbeiten.

Schritt 4

Hier sieht man gut, wie das Ausfüllen der Flächen gemacht wird. Um auf Nummer sicher zu gehen, fülle ich die ganz feinen Ecken, Kanten und Spitzen immer mit dem Fine Liner, die größeren Flächen dann mit dem etwas dickeren. So entstehen keine ärgerlichen Patzer und die Kanten sind ganz sauber.

GEORG BYDLINSKI

·E·I·N·Z·E·L·N·
sind
wir
WORTE
zusammen
ein
Gedicht.

Ever tried
Ever failed

No
matter
fail
better

Try again
Fail again

DER FLOW
*berühmt-*BERÜCHTIGT

Ja, das ist er wohl, berühmt-berüchtigt, der soge-nannte »*flow*« (also englisch für »Fluss« oder »flie-ßend (arbeiten)«). Und man kann ihn im seltensten Fall heraufbeschwören. Er kommt und geht, ob mor-gens um acht, zum Mittagessen oder auch gerne mal – bei Nachteulen wie mir – nachts um zwei.

Je nach Lust, Laune, Stimmung und Tagesform kann man ihm aber gut und gerne etwas auf die Sprünge helfen. Jeder, der sich, in welcher Form auch immer, kreativ betätigt, wird ein Lied davon singen können.

Es gibt keine Zauberformel und auch keinen Geheim-tipp. Aber ich habe mir ein paar grundsätzliche Punk-te überlegt – und ich spreche hier bewusst nicht von »Regeln«, sondern vielmehr von meinen persönli-chen Erfahrungen – die Ihnen helfen können, in den besagten »flow« zu kommen, beziehungsweise Ih-nen den Einstieg in das kreative Arbeiten mit Ihrer Handschrift erleichtern können. Nennen wir es ganz Neu-Deutsch die typischen »do's and don'ts«.

Zum Gelingen gehört Misslingen
Schreiben Sie sich den Satz links im Bild am besten gleich hinter die Ohren, denn diesen Rat möchte ich Ihnen besonders ans Herz legen.

»No matter, fail better» (*Über die Notwendigkeit des Scheiterns*) oder: Aller Anfang ist schwer – das kann ich besten Gewissens behaupten. Und auch die Klas-siker »Übung macht den Meister« oder »Kunst kommt von Können« würde ich blind unterschreiben.

Deshalb: Lassen Sie sich niemals entmutigen! Wenn etwas schief läuft oder ganz misslingt, ist das kein Grund, den Stift hinzuschmeißen. Fehler passieren, gehören dazu und bringen uns am Ende auch ein großes Stück weiter. Wir lernen aus ihnen – ob ganz am Anfang oder erst nach mehreren Jahren. Auch Patzer können ihren ganz eigenen Charme haben. Und oft kann man einen, auf den ersten Blick schlim-men, Fehler mit ein wenig Fantasie und Augenzwin-kern, zum Beispiel durch ein illustratives Element, auch wieder retten.

Ich sehe die Arbeit mit Handschrift als stetigen Pro-zess, in dem man sich immer wieder weiterentwickelt und sich teilweise auch ein Stück weit neu erfindet.

Wenn ich mir alte Arbeiten ansehe, muss ich schmun-zeln, aber sehe auch gleichzeitig meine Entwicklung. Und das spornt einen immer wieder an: ein Blick zu-rück, zwei Schritte nach vorn.

Ich hätte selbst nie gedacht, dass ich mich mal den Buchstaben verschreiben würde. Ich mochte meine Handschrift zwar, habe aber nie daran gedacht, das einmal auszubauen.

Eins noch: Das Totschlag-Argument von wegen »Mei-ne Handschrift ist schrecklich!«, das ich leider viel zu oft höre, zählt leider nicht. Egal wobei, wenn Sie mit einer ordentlichen Portion Neugier, Interesse und vor allem Herz an etwas Neues herantreten, können Sie alles lernen. Kein Grund, es nicht zu versuchen!

Basics *Der Flow*

Trick 17

Auf dieser Doppelseite möchte ich Ihnen mit einigen einfachen, aber wertvollen und ganz persönlichen Tipps und Tricks die Herangehensweise und das Arbeiten ein wenig erleichtern.

Genug Ruhe
Handy, Computer, Tablet, Fernseher etc. ausschalten! Die Lieblingsmusik hingegen ganz nach Lust und Laune anschalten.

Genug Platz
Arm-, Hand-, Bein- und auch Kopf-Freiheit ist wichtig! Keine störenden Schmuckstücke wie Armreifen, Uhren und Ringe, keine langen Klamotten, die über das Handgelenk rutschen, und keine nervigen Haarsträhnen im Gesicht.

Genug Licht
Egal, ob Tageslicht oder die Schreibtischlampe: Hell genug muss es auf jeden Fall sein, sonst schmerzen die Augen!

Genug Zeit
Niemals zwischen Tür und Angel anfangen, auch nicht unter Termin- oder Zeitdruck. Das stresst nur unnötig und setzt einen unterbewusst unter Druck. Sie werden schon merken, wie schnell eine oder zwei Stunden vergehen ...

Ausreichend Energie
Wenn Sie merken, dass Sie bald müde werden oder bereits gähnen, gibt es zwei Optionen: entweder Kaffee kochen und nochmal richtig loslegen, oder das Sparprogramm fahren. Nichts erzwingen! Wenn die Augenlider schwer werden, werden sie beim Schreiben auch nicht leichter!

Keine offenen Getränke
Es hat ein wenig gedauert, bis ich mir das hinter die Ohren geschrieben habe, aber man lernt ja doch irgendwann daraus. Getränke außerhalb der Gefahrenzone platzieren und sollten Sie mit Wasser arbeiten, dann stellen Sie Ihr Glas so, dass sie nicht jedes Mal über das gesamte Blatt Papier gehen müssen (vermeidet versehentliches Tropfen).

Nicht zu viel Kaffee
Schwarz, ohne alles und stark – so muss meiner sein. Förderlich für die berühmte ruhige Hand ist das natürlich nicht. Deshalb wie immer: in Maßen!

Genügend Material
Halten Sie Ihr Lieblingsarbeitsmaterial griffbereit; d.h. genügend Papier und Schreibwerkzeug. Das verhindert, ständig aufstehen und vergessene Utensilien holen zu müssen. Und, immer wichtig: Legen Sie ein Stück Schmierpapier oder Karton neben sich! Sie werden schnell merken, dass so ein Blatt Gold wert ist.

Aufwärmen!

Zugegeben: Wir machen keinen Sport, aber auch beim Schreiben ist die Aufwärmphase unabdingbar. Ich wollte das anfangs nicht recht glauben, aber meine gute Freundin und Kalligrafie-Lehrerin Andrea Wunderlich hat mich eines Besseren belehrt: Jeden Morgen, bevor ich mich meinen Aufgaben gewidmet habe, stand »Warm-Schreiben« auf dem Plan.

Nehmen Sie sich hierzu einfaches Schmierpapier – keine teuren Bogen oder Papiersorten. Was sich besonders gut eignet, ist eine große Papierrolle, von der Sie immer ein Stück abschneiden können. Machen Sie sich locker, finden Sie eine bequeme Position – ob im Sitzen oder Stehen. Zum Warm-Schreiben eignet sich ein Bleistift, Filzmarker oder auch ein breiter »*Parallel Pen*«. Lockern Sie Ihre Hand, ziehen Sie Linien, machen Sie Schwünge und Kurven. Schreiben Sie dann ein durchgängiges Alphabet oder ein Pangramm, also ein Satz, der alle Buchstaben des Alphabets enthält.. Sie werden merken, es hilft ungemein!

Haben Sie Spaß an dem, was Sie tun oder gedenken zu tun und haben Sie wirklich Lust am Schreiben! Niemand, und auch Sie selbst, sollten sich zu irgendetwas zwingen. Denn:

»*Die Buchstaben haben Anmut, wenn sie nicht mit Unlust & Hast, auch nicht mit Mühe oder Fleiß, sondern mit Lust & Liebe geschrieben sind.*«

Damit Sie nun auch wirklich in den berühmten Flow kommen, folgen auf den nächsten Seiten einige Alphabete, die Sie nach Herzenslust abzeichnen, abpausen und als Übungsobjekt nutzen können.

— 40 —
Basics *Der Flow*

Brush Pen – rough

Dieses Alphabet in Versalien, also Großbuchstaben, wurde mit einem nicht mehr ganz neuen, großen Brush Pen geschrieben. Kleiner Tipp: Dadurch wird der eigentliche Duktus der feinen Haare erst richtig sichtbar und man erzielt einen ganz spannenden, dynamischen und richtig handgemachten Look. Die Buchstaben haben einen sehr roughen und wilden Charakter und eignen sich so für kurze, prägnante, knackige und gerne mal flotte Statements, Sprüche und Texte oder einzelne Worte.

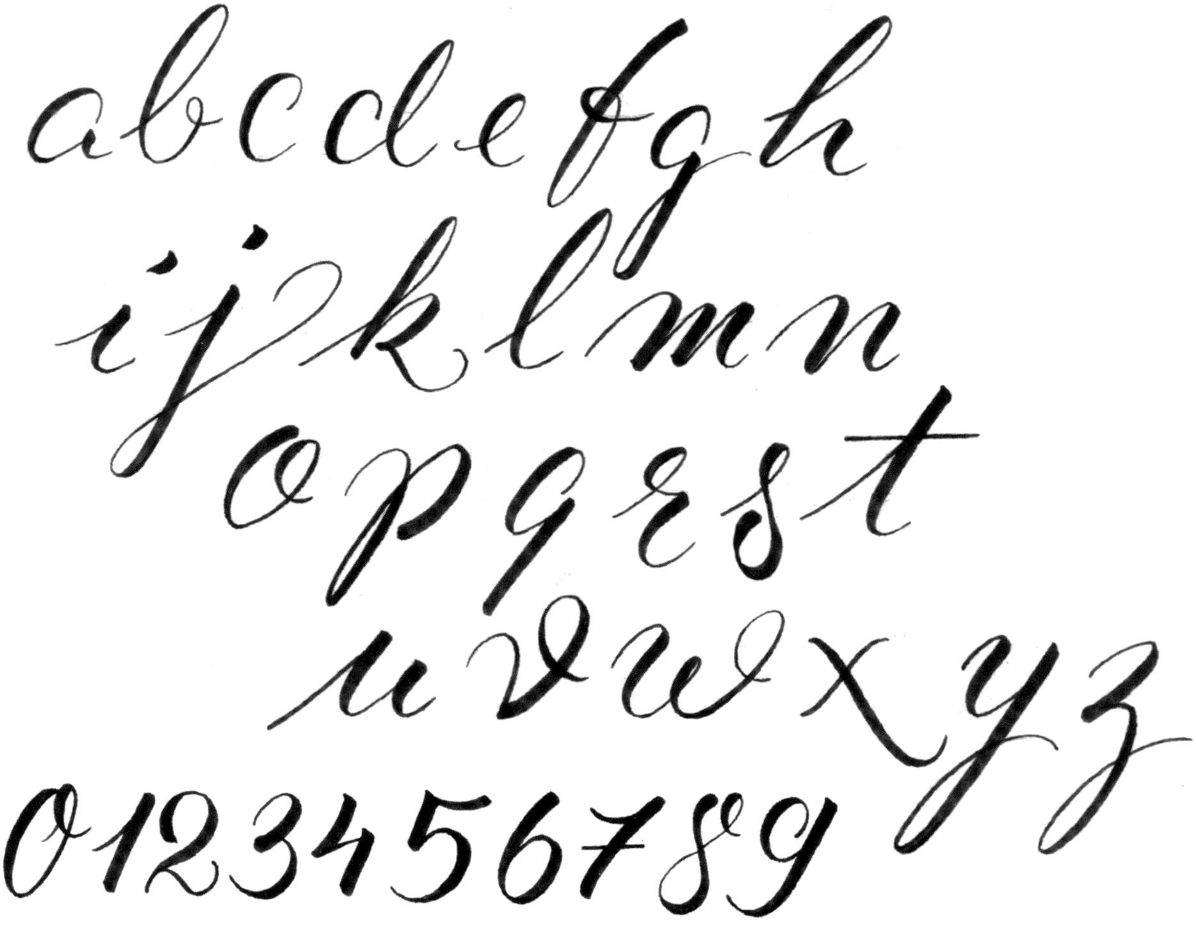

abcdefgh
ijklmn
opqrst
uvwxyz
0123456789

Brush Pen – zart

Das mit dem kleinen Brush Pen »*touch*« geschriebene Alphabet besticht vor allem durch seine Zartheit und gleichzeitig hohe Dynamik. Es ist schwungvoll, aber sehr elegant. Durch die Abwechslung aus viel und wenig Druck auf die Brushspitze entsteht der typische Charakter dieser Schrift – Übung macht den Meister! Darüber hinaus habe ich es noch mit einigen Details meiner Handschrift versehen, so bekommt das Alphabet seinen ganz eigenen Look und Stil. Versuchen Sie also Beispielalphabete unbedingt mit Ihrer persönlichen Fantasie, Kreativität oder eben eigenen Handschrift weiter zu bearbeiten und leicht abzuändern! So entwickeln Sie sich und Ihren eigenen Stil gut weiter. Dieses Alphabet eignet sich immer hervorragend für jegliche Glückwünsche und Grußkarten, für Namen oder Daten.

Layout Marker – plastisch

Ähnlich wie beim Brush-Pen-Alphabet wurde hier ein Layout Marker mit abgeschrägter Spitze verwendet, der ebenfalls nicht mehr ganz neu war und so weniger Farbe abgibt. Diese locker geschriebenen, leicht tänzelnden Buchstaben bekommen durch den sichtbaren Duktus (Strichführung) einen sehr plastischen und dreidimensionalen Charakter, ähnlich wie ein transparentes Band. Eine hübsche Schmuckschrift-Variante, die freundlich und verspielt wirkt, aber gleichzeitig auch Ausdruck und Kraft hat!

ABCDEFGH
IJKLMN
OPQRSTUV
WXYZ
0123456789

Filzstift – grotesk

Geradlinig, eine durchgehende Strichstärke und in Großbuchstaben geschrieben, hat dieses Alphabet einen typischen »Handlettering«-Charakter, dem man häufig auch als Font (= Computerschrift) begegnet. Der leicht »krakelige« Stil lässt es freundlich, etwas unbeholfen, aber doch sehr statisch und stabil wirken. Die Buchstaben sind sehr schmal und folglich platzsparend. So eignen sie sich für Zwischenzeilen in längeren Texten mit Schriftmixen, bei der Gestaltung von Adressen auf Umschlägen, aber auch für Namen auf Tischkärtchen. Die geradlinigen Formen bilden immer einen guten Kontrast zu geschwungenen, romantischeren Schreibschriften. Die *Grotesk* (oder auch Sans Serife / *Serifenlose*) ist eine Schriftfamilie ohne Serifen und mit gleichmäßiger Schriftstärke der einfach geformten Buchstaben.

abcdefg
hijklmno
pqrstuv
wxyz
0123456789

Parallel Pen – kalligrafisch

Dieses kalligrafische Alphabet aus Kleinbuchstaben wurde mit einem 6,0 mm starken Parallel Pen geschrieben. Basierend auf der *Unziale*, einem historischen Alphabet, habe ich es durch ein paar Details abgewandelt: Ausgeprägte Schwünge am »g«, »j« und

»y« verleihen dem Schriftbild seine ganz persönliche Note und lassen es dadurch gleich schwungvoller und »jünger« wirken. Es ist elegant und feierlich und lässt sich zum Beispiel für Schilder mit ganz kurzen Texten oder Namen verwenden.

ABCDEF
GHIJKLMN
OPQRST
UVWXYZ
0123456789

Parallel Pen – klassisch

Diese schmale *Antiqua*, also Serifenschrift, wurde ebenfalls mit einem Parallel Pen in der Stärke 6,0 mm geschrieben bzw. gezeichnet. (Leichter tut man sich zu Beginn aber mit einem Fine Liner!). Wenn Sie sich verschiedene Schriften der Gattung *Antiqua* angese-hen haben, werden Sie schnell die typischen Merkma-le erkennen: Welcher Strich ist dünn, welcher dick? Wie sitzt die Serife am Buchstaben? Eine sehr klassi-sche Schrift, prima für einzelne Worte, Namen oder Statements, zum Beispiel auf einer Grußkarte.

Kapitel 2
PAPIER

Bevor Sie sich Hirschgeweihe oder Fahrzeuge vornehmen, starten wir natürlich mit dem »Klassiker«. Wenn ich an Handlettering denke, verbinde ich es auch mit Papier. Der Gang zum Künstler- oder Schreibbedarf mit der riesigen Auswahl an verschiedensten Papieren lässt das Haptik-Herz höher schlagen! Probieren Sie es unbedingt aus. Lernen Sie die verschiedenen Beschaffenheiten der Farben kennen – und lieben!

Einstieg 48
Geduldig & vielseitig

KARTEN 50
O du fröhliche & Grüß dich!

UMSCHLÄGE 58
Post ist da!

TISCHKARTEN 62
Cherry on top

EINPACKEN 66
Mit Buchstaben schenken

GIRLANDE 72
Feste feiern

LANDKARTE 76
Auf Schatzsuche

GEDULDIG
& vielseitig

Der regelmäßige Besuch beim Künstlerbedarf meines Vertrauens ist jedes Mal Balsam für Augen, Herz und Hände. Nicht nur Stifte, Marker und Pinsel lassen den Puls steigen, auch die Papier-Abteilung lädt zum Gucken und Fühlen ein. Als bekennender haptischer Mensch gibt es für mich oft nichts Schöneres, als verschiedenste Papiere anzufassen.

Zeichen-, Layout- und Skizzenpapiere in sämtlichen Grammaturen und Weißtönen, handgeschöpfte Büttenpapiere sowie Papier aus Stein, Fasern, Pflanzen und Seide, starke Kartons in sämtlichen Farbnuancen, Recycling- und Naturpapiere. Wollen wir den Ägyptern für das erste Papyrus kurz danken.

Im Laufe der Zeit habe ich eine Papiersorte besonders lieben gelernt, die ich Ihnen auch gerne weiterempfehle: »*Nostalgie*« von *Hahnemühle*. Sowohl für meine freien Arbeiten als auch für Auftragsarbeiten schätze ich die weiche und doch glatte Struktur des 190-g-Papiers sehr. Der Farbauftrag ist satt, aber ohne dabei zu verlaufen. Es ist bestens geeignet für Fine-Liner- oder Brush-Pen-Arbeiten. Gleiches gilt für die Verwandtschaft: Das Black Book, sich für feine Arbeiten mit Weiß oder Metallic-Farben eignet, sowie das handliche Ringbuch mit schönem Recyclingpapier in einem Braunton.

Wenn es die Zeit erlaubt, experimentiere ich natürlich gerne mit allen möglichen verschiedenen Papieren und Oberflächen.

Es gibt so viel zu entdecken in der schier unendlichen Welt des Papiers. Denn Sie werden im Laufe des Buches feststellen: Es gibt kaum eine Oberfläche, die man nicht mit Schrift gestalten kann!

O DU *fröhliche*

Ich weiß, gerade die Vorweihnachtszeit ist leider meist die gefühlt stressigste Zeit im Jahr. Jeder ist mit Vorbereitungen beschäftigt, zermartert sich das Hirn nach passenden Geschenken und jedes Jahr möchte man, dass alles perfekt ist. Die Zeit rennt und ehe wir uns versehen, brennt die vierte Kerze.

Gerade zu Weihnachten möchte man besonders originelle Dinge schenken und das beste Essen zaubern. Neben all dem Materiellen wäre es doch an der Zeit für etwas echt Handgemachtes, oder? Und versprochen: Mit dieser Technik entstehen schon in wenigen Minuten nicht nur ausgefallene Unikate, sondern auch echte kleine Kunstwerke, die jedes noch so teure Geschenk in den Schatten stellen werden!

Alles, was Sie für die Umsetzung brauchen, ist ein Pinsel, ein Glas Wasser, eine kleine Pipette (erhältlich im Künstler- oder Bastelbedarf) und ein Fässchen goldene (wahlweise auch silberne oder kupferfarbene) Tusche. Ich empfehle Ihnen einen Metallic-Ton, da die glänzenden Pigmente einen besonders schönen und vor allem weihnachtlichen Effekt erzielen.

Für die Karten können Sie, wie hier, farbiges Tonpapier oder -karton zurechtschneiden oder auch vorgefertigte Karten kaufen. Eine hohe Grammatur bzw. Karton empfiehlt sich dennoch, da sich zu dünnes Papier durch den hohen Wasser- und Farbauftrag schnell unschön wellen kann.

Je nach Motiv brauchen Sie noch einen oder mehrere Pinsel. Für meine Umsetzung habe ich zwei relativ schmale Haarpinsel verwendet. Einer dient zum Schreiben, der andere dient für Korrekturen oder Spritzer, die ich im Nachhinein zum Teil noch hinzugefügt habe. Das Schöne an dieser Technik: Nichts muss perfekt werden! Trauen Sie sich, lassen Sie die Farbe laufen oder spritzen. Schreiben Sie möglichst locker und unverkrampft. Gerade diese etwas rustikale, unfertige oder unordentliche Optik verleiht dem Ganzen seinen eigentlichen Charme!

Auf den nächsten Seiten zeige ich Ihnen Schritt für Schritt, wie ich meine Weihnachtskarten gestaltet habe, und leite Sie so an, Ihre eigenen, zauberhaften Karten zu kreieren.

Material

TONPAPIER, SKALPELL, METALLLINEAL, SCHNEIDEMATTE, PINSEL (HAARPINSEL), WASSER, GOLDENE TUSCHE, PIPETTE

Schritt 1
Die Vorbereitung der Karten: Einfarbig oder bunt, selber geschnitten oder fertig gekauft – je nach Lust und Laune oder auch Zeit.

Schritt 2
Ihr Arbeitswerkzeug und alles, was Sie brauchen: Schneidematte (Unterlage), Wasserglas, Pinsel, Pipette und Tusche Ihrer Wahl.

Schritt 3
Los geht's: Der erste »Wasserbuchstabe« sitzt! Nun schreiben Sie sozusagen nur mit Wasser – nehmen Sie mit dem Pinsel genügend Wasser auf und schreiben Sie den ersten Buchstaben. Wichtig ist, dass das Wasser förmlich auf dem Karton stehen bleibt. Deshalb empfehle ich, Buchstabe für Buchstabe zu arbeiten und nicht alles gleich vorzuziehen. Eine schöne Gedulds-Übung …!

Schritt 4
Nehmen Sie mit der Pipette die goldene Tusche auf. Jetzt ist Fingerspitzengefühl gefragt: Träufeln Sie vorsichtig ein wenig – nicht zu viel! – Tusche in den noch nassen Buchstaben. Augenblicklich verbreitet sich die Tusche in der wässrigen Fläche und verläuft. Durch vorsichtiges Nachziehen oder leichtes Pusten können Sie den »Weg« der Tusche ein wenig beeinflussen. Je mehr Tusche Sie verwenden, desto deckender wird der Buchstabe. Besonders spannend wird die Schrift aber, wenn eben nicht alles komplett ausgefüllt ist, sondern die Tusche changiert und den Buchstaben z.T. nur andeutet.

Schritt 5
In diesem Verfahren gestalten Sie peu à peu Ihre Karte. Sobald eine Karte fertig ist, legen Sie diese beiseite und lassen Sie sie geschützt in Ruhe durchtrocknen.

Schritt 6
Mit dieser Technik können Sie nun weitere Karten mit diversen Texten gestalten. Natürlich eignet sich diese Umsetzung beispielsweise auch gut für Jubiläen, Geburtstage oder auch Hochzeiten. Das Ergebnis ist elegant, aber gleichzeitig verspielt. Aber immer detailreich und spannend!

PAPIER *Karten*

Grüß DICH!

Wie bereits beschrieben, gibt es Grußkarten für die unterschiedlichsten Anlässe und Gelegenheiten. Ein paar davon habe ich mir herausgepickt und möchte Ihnen diese auf den folgenden Seiten zeigen. An einem kleinen Beispiel erkläre ich Ihnen in wenigen Schritten auch die Herangehensweise.

Bei der Gestaltung auf Papier, gerade im Bereich der Grußkarten, sind wir völlig frei. Es gibt keine Regeln. Von der Papierauswahl über den Stift bis hin zur Verzierung: Überlegen Sie sich, was zu welchem Anlass passt und welche Farbe und welches Papier mit welchem Ereignis harmonieren könnte. Ein zarter, heller Farbton für die Geburt, ein hochwertiges, edles Papier für eine Hochzeit, farbenfroh und fröhlich für den Geburtstag, gedeckte Farben in Kombination mit Metallic für einen Abschied?

Mit welchen stilistischen Mitteln, kleinen Illustrationen oder auch Stickern kann man das Geschriebene am Ende noch einmal aufpeppen?

Sammeln Sie Ideen, Papiere, Muster oder auch andere Karten, die Ihnen gut gefallen, kleine dekorative Elemente – die Möglichkeiten sind unzählig. Ein Sammelsurium an all diesen Dingen, auf die Sie bei der Gestaltung zurückgreifen können, hilft nicht nur, sondern macht besonders Spaß.

> *Material*
> **VORGEFERTIGTE KARTEN (ODER FARBIGES TONPAPIER), BLEISTIFT, LINEAL, RADIERGUMMI, FINE LINER (PIGMA MICRON), GOLDENER GEL-STIFT (PENTEL), DIVERSE ANDERE STIFTE**

Wie oft haben Sie schon eine Grußkarte gekauft, an der Ihnen irgend ein Detail nicht gefallen hat? Das ist passé, wenn Sie sie schlichtweg selbst gestalten!

Schritt 1
Ziehen Sie sich Zeilen und machen Sie sich bei längeren oder aufwendigeren Texten immer eine Vorzeichnung – nicht zuletzt, um den Text in ein harmonisches Layout zu bringen.

Schritt 2
Nun wird die Vorzeichnung mit den ausgewählten Stiften und Farben nachgezogen.

Schritt 2
Je nach Anlass, Empfänger oder Thema lässt sich die fertige Karte durch grafische oder illustrative Details weiter verzieren.

PAPIER *Umschläge*

POST *ist da!*

In Zeiten von E-Mails, WhatsApp und sämtlichen Messengern ist es fast schon eine Besonderheit, wenn man Briefumschlag und Briefmarke kaufen muss. Oder sollte man vielleicht besser sagen »kaufen darf«? Ja, es ist etwas ganz Besonderes – und etwas besonders Schönes.

Und ich wähne mich glücklich, dass viele Arbeiten, die ich anfertige, quer durchs Land reisen. So möchte ich natürlich nicht nur, dass der Inhalt den Empfänger freut, sondern auch die Verpackung.

Und diese Erfahrung mache ich jedes Mal aufs Neue. Und jedes Mal aufs Neue freue ich mich auf die Resonanz. Es gibt eben oft nichts Schöneres, als – auch Fremden – eine ganz persönliche Freude zu machen. Und wenn es auf den ersten Blick nur der eigene Name ist, der handgeschrieben ist. Probieren Sie es aus. Sie werden sehen, wie sich der- oder diejenige darüber freuen wird! Keine E-Mail, kein Piepen aus dem Telefon, keine grauen Recycling-Papier-Briefe vom Finanzamt, keine kunterbunten Werbeprospekte, die gleich in der Papiertonne landen. Denn darin landet hundertprozentig kein schön geschriebener, individueller Briefumschlag!

Für die Beispiele, die ich Ihnen im Folgenden zeige, habe ich einige Umschläge in verschiedenen Größen und Farben gewählt – selbstverständlich gibt es noch weitaus mehr Varianten und Farben. Für die Umsetzung habe ich mir in diesem Fall zum Teil reine Fantasie-Empfänger ausgedacht, wobei die Anschrift des Christkinds tatsächlich stimmt. Der nächste Wunschzettel kann also kommen …

Mit diesen Beispielen möchte ich Ihnen zeigen, wie Sie simple Postadressen durch kleine Details, Illustrationen oder dekorative Elemente in Form von Aufklebern, Linien, Schwüngen etc. verzieren und insbesondere, wie sie durch die Kombination verschiedenster Schriftarten und Techniken zu kleinen Kunstwerken werden können.

> *Material*
> UMSCHLÄGE, BLEISTIFT, LINEAL, KREISSCHABLONE, RADIERGUMMI, FINE-LINER (PIGMA MICRON), BRUSH PEN (PENTEL TOUCH), WEISSER & GOLDENER GEL-STIFT

Wenn der Postbote zwei Mal klingelt …
Ein Lächeln ist vorprogrammiert! Machen Sie Ihren
nächsten Briefumschlag zu einem kleinen Kunstwerk.

Sent with love

Keine Frage: Der grüne Wetterfrosch lebt beim Deutschen Wetterdienst in Offenbach am Main. Neben der Farbe und den kleinen Wolken, die zum Thema Wetter passen, habe ich den Zusatz »a. M.« in ein kleines gezeichnetes Schild gesetzt, das am Wort »Offenbach« hängt. Solch kurze Adresszusätze eignen sich oft besonders gut, um sie in eine separate Form zu setzen und so gleichzeitig hervorzuheben. Oder natürlich – wie hier – um Platz zu sparen!

Mit diesen kleinen Tricks können Sie solch ein vermeintliches Platzproblem geschickt lösen, ohne dass Sie von Neuem beginnen müssen.

Zum Christkind in Himmelstadt passen kleine illustrative Details wie Christbaumkugeln, Schneeflocken und natürlich ein schmucker goldener Farbton.

Der »Mann im Mond« bekommt einen kleinen Sternenhimmel und die Adresse wird durch einen richtungsweisenden Aufkleber ergänzt, der mit seinem Stil gut zur Anschrift in Amerika passt.

Wenn Sie Post in ferne Länder schicken, können Sie auch hier überlegen, welche Stile, Farben, Formen oder Verzierungen zum jeweiligen Land passen!

PAPIER *Umschläge*

Exkurs: Dekoration

Natürlich wirken Schrift oder Schriftmixe allein schon besonders schön und spannend. Gleichzeitig kann man sein Lettering aber auch noch mit weiteren, ganz einfachen grafischen oder illustrativen Elementen schmücken und verzieren. Auf dieser Seite finden Sie einige Beispiele für Formen, Schwünge oder Illustrationen, die Sie in Ihre Arbeit einbauen können. Natürlich ist das nur ein kleiner Ausschnitt – lassen Sie Ihrer Fantasie wie immer freien Lauf! Je nach Anlass, Text, Bedeutung oder Motiv passen ganz unterschiedliche Dekorationen zum Gesamtbild und Ihr Lettering bekommt auf diesem Weg einen individuellen Look.

Exkurs: Ziffern

Eine weitere schöne Sache bei der Gestaltung von Umschlägen sind die vielen Ziffern, denen man sich leider oft viel zu selten widmet. Hier ist es gleichzeitig eine schöne Übung, Ziffern in verschiedenen Stilen auszuprobieren. Auch hier mein Tipp vom Anfang: Sehen Sie sich unbedingt auch die zugehörigen Ziffern der jeweiligen Schriften an, die Sie untersuchen. Sie werden schnell die vielen markanten Unterschiede entdecken. Allein zwischen dem Regular- und dem Kursiv-Schnitt einer Schriftart sind oft deutliche Unterschiede zu erkennen. Dazu noch eine Portion eigene Fantasie und die Postleitzahl sieht ganz besonders und individuell aus!

PAPIER *Tischkarten*

CHERRY *on top*

Auf einem schön gedeckten Tisch fehlt meiner Meinung nach oft nur noch ein Detail: selbst geschriebene Tischkärtchen mit den Namen der Gäste! Die berühmte »cherry on top«.

Ob Hochzeit, Geburtstag oder das große Familientreffen: Auch hier freut sich jeder über sein ganz persönliches Tischkärtchen mit seinem Namen darauf. Je nach Anlass, Tischdekoration, Blumenschmuck, Geschirr oder auch einfach nach Lust und Laune sind uns in der farblichen, technischen und stilistischen Umsetzung keine Grenzen gesetzt!

Material
VORGEFERTIGTE TISCHKÄRTCHEN, GOLDENER GEL-STIFT BZW. FÜLLER, BLEISTIFT, LINEAL, RADIERGUMMI, KUPFERFARBENER EDDING® 780 (FÜR GLAS, METALL, PLASTIK, PAPIER), GRAUER BRUSH PEN (PENTEL TOUCH), WEISSER GEL-STIFT

Ob kunterbuntes Papier und goldene Schrift für eine Hochzeit ...

... elegant und einheitlich mit Füller für ein geladenes Dinner ...

... oder wie hier, ein Farbkonzept aus Grau, Weiß und Kupfer, wobei jeder Name individuell umgesetzt wurde.

Charaktersache

Das letzte Beispiel möchte ich Ihnen etwas näher zeigen. An diese zehn Namenskärtchen bin ich völlig frei herangegangen.

Mir kam die Idee zum Farbkonzept recht schnell in den Sinn – nicht zuletzt, weil ich Metallic-Farben momentan sehr mag. Während die beiden vorherigen Beispiele immer im selben Stil gehalten sind, wollte ich diesmal jede Karte zu einem kleinen Kunstwerk machen. Ob und wie Sie das umsetzen, liegt völlig bei Ihnen! In diesem Fall habe ich mir reine Fantasie-Namen ausgedacht, bzw. Namen, die mir persönlich gut gefallen.

Das regt auch die eigene Fantasie an: Welcher Name sieht wie aus? Welcher Charakter oder Typ Mensch steckt hinter dem jeweiligen Namen? Wie könnte man ihn umsetzen?

Versuchen Sie, sich diese Fragen zu stellen und sie durch Ihre Umsetzung, Ihre Schriftwahl und individuelle Gestaltung zu beantworten. Ist es ein Kind oder eine ältere Dame? Das Familienoberhaupt oder der sprunghafte Teenie?

Sie werden sehen, Namen von Freunden und Familienangehörigen aufgrund ihrer Charaktere zu schreiben ist sehr spannend. Aber egal, wie Sie die Karten am Ende gestalten: Derjenige wird sich riesig freuen und sich die Karte gerne mit nach Hause nehmen!

Schritt 1
Überlegen Sie sich ein Farbkonzept, das zum Anlass und zum Tischschmuck passt. Vorgefalzte Tischkärtchen gibt es in den verschiedensten Farben im Bastel- und Schreibwarenbedarf.

Schritt 2
Ziehen Sie sich als Hilfe auf jeden Fall eine Grundlinie für die Namen, bzw. beachten Sie das Layout: Wie sitzt der Name in der – doch recht kleinen – Karte?

Schritt 3
Zeichnen Sie sich die Namen leicht mit Bleistift vor. So erleichtern Sie sich die Reinzeichnung.

Schritt 4
Mit Fine Liner, Brush Pen und / oder Metallicstift machen Sie sich an die Reinzeichnung.

Schritt 5
Lassen Sie die Karten immer gut trocknen bevor Sie die Bleistiftvorzeichnung wegradieren! Nichts ist ärgerlicher als die eigene Ungeduld, die oft dazu führt, das Ergebnis am Ende zu verwischen.

PAPIER *Einpacken*

MIT *Buchstaben* SCHENKEN

Jedes Jahr aufs Neue, egal ob zu Weihnachten oder Geburtstagen, steht man vorm heimischen Geschenkpapier-Fundus, aber nichts spricht einen so wirklich an. Nochmal so einpacken wie vergangenes Jahr? Öde. Zeitungspapier? Out. Und wie soll man dieses unförmige Etwas überhaupt einpacken, ohne dass das Papier reißt?!

Hilfe gibt's im Bastel- oder Künstlerbedarf: Blanko-Tüten, Taschen, Schachteln, Anhänger, Etiketten usw. Dazu noch hübsche Geschenkbänder oder angesagtes *masking tape*. Einer individuellen und ganz persönlichen Gestaltung steht nichts mehr im Wege. Leuchtende Augen, Freude und Staunen sind hier einfach vorprogrammiert!

Und sollten Ihnen die besagten Flächen doch mal nicht ausreichen: Kaufen Sie eine große Rolle (Pack-)Papier und toben Sie sich darauf aus. So kreieren Sie Ihr ganz persönliches Geschenkpapier!

Viel Freude beim Schreiben, Zeichnen, Verpacken, Dekorieren – und letztendlich beim Schenken!

Material (Papiertüte)
TÜTE, BLEISTIFT, LINEAL, KREISSCHABLONE, RADIERGUMMI, WEISSER GEL-STIFT

Material (Schachteln)
SCHACHTELN, GOLDENER GEL-STIFT, SCHWARZE FINE LINER (PIGMA MICRON & PILOT SIGN PEN), GOLDENE TUSCHE, HAARPINSEL, GOLDENES MASKING TAPE, GESCHENKBAND

Material (Etiketten / Anhänger)
ANHÄNGER, FARBIGE STIFTE, MARKER UND FINE LINER – ALLES, WAS AUF PAPIER SCHREIBT. Z.B. GOLDENER & WEISSER GEL-STIFT, SCHWARZER FINE LINER (PIGMA MICRON), BRUSH PEN (FABER-CASTELL & PENTEL TOUCH), ACRYLSTIFTE (ACRYLICS VON MOLOTOW)

Pappschachteln, Papiertüten, Anhänger und Etiketten - alles, was man zum schöneren Schenken so braucht. Und das Beste daran: massig Platz für Buchstaben!

Kommt mir in die Tüte

Schenken macht Spaß – da sind wir uns alle einig, denke ich. Insbesondere, wenn die Freude schon bei der Verpackung beginnt: Diese kleinen Papiertüten erhalten Sie im Bastelbedarf in verschiedenen Größen und können sie ganz nach Belieben, oder auch nach Inhalt, gestalten. Ich habe mich hier für eine kleine – aber feine – Tüte entschieden …

… und sie mit dem passenden Spruch verziert. Was Sie für dieses Beispiel benötigen: Bleistift, Kreisschablone und einen weißen Gel-Stift. Noch ein witziger Spruch oder ein originelles Motiv dazu und es kann losgehen!

For you

Den Text habe ich auf die drei verschieden großen Schachteln aufgeteilt. Als Schrift habe ich mir eine Antiqua überlegt, die durch die starke Schattierung und die goldene Schraffierung innerhalb der Buchstaben eine sehr plakative Wirkung bekommt.

Goldenes *masking tape* an den Kanten und Tusche-Spritzer ergeben die restliche Gestaltung.

Die Schachteln werden der Größe nach übereinander gestapelt und mit einem Geschenkband fixiert. Voilà!

Ganz schön anhänglich

Ebenfalls im Bastelbedarf oder auch in den Deko-Abteilungen mancher Einrichtungshäuser findet man hübsche Papier-Anhänger mit passenden Schnürchen.

Ob rund, in Form einer Christbaumkugel, oder die typische Etiketten-Optik: Gestalten Sie nach Lust und Laune die kleinen Flächen mit kurzen Wünschen, Botschaften oder Namen. Und auch hier arbeiten wir ganz nach dem Motto: Erlaubt ist, was gefällt!

Ob kunterbunt und farbenfroh, klassisch oder elegant, verspielt und verschnörkelt oder einfach nur schwarz-weiß und reduziert. Je nach Anlass oder abgestimmt auf die restliche Geschenkverpackung und die zu beschenkende Person setzen Sie so durch Schrift, Farbe und Material Ihrem Geschenk das i-Tüpfelchen auf und verleihen ihm eine originelle Note.

Diese hübschen Anhänger und Etiketten können Sie natürlich auch ganz einfach und schnell selbst basteln. Pappkarton oder farbiges Tonpapier, Locher, Schere (eventuell auch eine Konturenschere), Schablonen und feine Schnüre und Bänder – mehr braucht man gar nicht. Wenn jedoch wie so oft einmal die nötige Zeit dazu fehlt oder man schlichtweg eher ungern mit Schere und Co. hantiert (so wie ich), sind diese vorgefertigten, schönen Schildchen in den unterschiedlichsten Formen und Farben eine prima Alternative.

PAPIER *Girlande*

FESTE *feiern*

Wir verzichten auf vorgefertigte und knallbunte »Happy Birthday«-Girlanden aus der Party-Abteilung und gestalten unsere ganz persönliche Glückwunsch-Girlande! Einen schönen Nebeneffekt hat das Ganze nämlich auch: Es ist gleichzeitig eine wunderbare Übung und Anregung für die eigene Kreativität und Fantasie!

Solche Girlanden gibt es im gut sortierten Bastelbedarf bereits fertig zu kaufen. Sie müssen nur noch die Kante falten und die Wimpel an der Schnur drappieren. Natürlich lassen sich die Fähnchen auch schnell und ganz einfach selber basteln, so könnte man beispielsweise auch unterschiedlich farbiges Tonpapier und eine hübsche Schnur nehmen – die Möglichkeiten sind vielseitig!

Je nach Anzahl der Papier-Wimpel überlegen Sie sich einen Text. Jeder Wimpel bekommt einen Buchstaben. Die Übung bzw. das Lern-Ergebnis ist im Prinzip dasselbe wie aus dem kleinen Alphabet-Heft (s. Kapitel »Herangehensweise«): Jeder einzelne Buchstabe wird ganz nach Belieben, Fantasie, Ideen, Lust und Laune gestaltet. Je unterschiedlicher sie in ihrem Aussehen sind, desto spannender wird am Ende das fertige Gesamtbild.

Material
GIRLANDE, PAPIER, BLEISTIFT, RADIERGUMMI, SCHWARZE FINE LINER (PIGMA MICRON UND PILOT SIGN PEN)

Der Gang durch die Wohnung wird zur Überraschung: Hier habe ich die Girlande an meiner Küchentür aufgehängt.

Buchstabensalat

Wenn Sie sich Ihren Text überlegt haben, der in einzelnen Buchstaben auf den Wimpeln Platz findet, geht es an die Auswahl und Gestaltung der einzelnen Lettern. Keine Scheu: Holen Sie sich Inspiration – in welcher Form auch immer. Ob das Bücher, Postkarten, Fotos, Schriftarten oder völlig freie »Fantasie-Buchstaben« sind. Je abwechslungsreicher, desto spannender wird das fertige Ergebnis.

In meinem Beispiel habe ich mir zur Vorbereitung ein einfaches Blatt Papier genommen, um darauf die Buchstaben aus meinem Text vorab zu definieren und zu skizzieren. Meine Favoriten habe ich dann auf die Wimpel übertragen.

Und dann geht es auch schon wieder an die Reinzeichnung: Überlegen Sie sich ein Farbkonzept und gestalten Sie die Wimpel dann nach Belieben. Glückwünsche auf einem kreativen und sehr persönlichen Weg – die im nächsten Jahr sicher wieder aufgehängt werden!

AUF *Schatzsuche*

Technik-verwöhnt sitzen wir in unseren Autos und lassen uns von einer – mehr oder weniger zarten – Frauenstimme den Weg weisen. Alles in allem: ganz schön entspannt geworden. Nicht jeder aus meiner Generation wird noch wissen, was ein »*Falk-Plan*« ist, und spätestens wenn wir ihn auf- und wieder zufalten sollen, würde er wahrscheinlich im Nullkommanichts aus dem Beifahrerfenster segeln …

Aber mit komplizierten Falttechniken wollen wir uns hier auch gar nicht beschäftigen, sondern vielmehr gehen wir noch einen Schritt weiter zurück und widmen uns wahren Schätzen.

Alte Landkarten bestechen mit einem ganz eigenen Charme: Nicht nur an der Farbe und am Geruch des Papiers erkennt man den Alterungsprozess, auch die Zeichnungen, die Typografie und die Grafik stammen aus einer ganz anderen Zeit. Haptisch und optisch eine spannende Angelegenheit!

Deshalb schlug mein Herz höher, als ich diese wunderschönen alten Landkarten bei einem Flohmarktbesuch erstanden habe.

München und Umgebung. Spontan fiel mir einer der Klassiker aus der bayerischen Fernsehgeschichte ein: *Monaco Franze*!

Mit den bekanntesten und witzigsten Zitaten in unterschiedlichen Schriften und meinen Lieblings-Fine-Linern im Gepäck ging es also auf die Reise …

Material
ALTE LANDKARTEN, SCHWARZE FINE LINER (PIGMA MICRON)

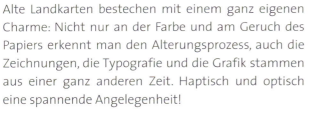

Beim Schlendern über den Flohmarkt stolpert man von Zeit zu Zeit über wahre Schätze – wie diese alten Landkarten.

PAPIER *Landkarte*

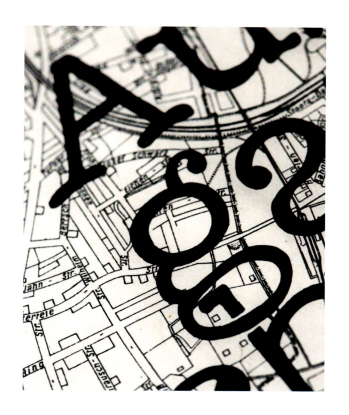

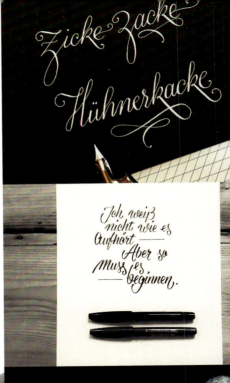

froschkönig

Eine kleine, aber feine Auswahl an freien Arbeiten auf Papier, mit denen ich Ihnen zeigen möchte, wie unheimlich vielfältig und außergewöhnlich Handschrift sein kann. Lassen Sie sich inspirieren!

Kapitel 3
STOFF

Auch das Material Stoff eignet sich wunderbar, um mit schönen Buchstaben verziert zu werden. Von Kleidungsstücken über Taschen oder Schuhen bis hin zu künstlerisch gestalteten Leinwänden ist hier durch spezielle Textil-Marker in vielen verschiedenen Farben alles möglich.

JEANS 84
Jeder liebt sie

BEUTEL 86
Zum Mitnehmen, bitte!

LEINWAND 90
Beschreibung hinzufügen

SCHUHE 94
Der schönste Tag

JEDER *liebt* sie

Die Lieblingsjeans! Nahezu jeder besitzt mindestens ein Exemplar und jeder fühlt sich pudelwohl darin. Gleichzeitig würde jeder fluchen und schimpfen, wenn sie irgendwann das Zeitliche segnet – sei es durch Altersschwäche oder gar durch heimliches Aussortieren durch den oder die Partnerin … Man möchte gar nicht daran denken!

Das wollen wir auch nicht. Denn bevor dieser worst case eintritt, haben wir noch etwas mit ihr vor. Natürlich: Wir gestalten das gute Stück mit Schrift und machen daraus ein echtes Unikat, ein Liebhaberstück!

Vielleicht geht es Ihnen wie mir, und die Lieblingsjeans hat schon den einen oder anderen Schönheitsmakel. Meine habe ich irgendwann zur gemütlich-geliebten Arbeitshose auserkoren. Und wie es der Fleckenteufel eben so wollte, landete bald der erste Farbspritzer darauf. Alles hat ein Ende, nur die Jeans hat zwei … Warum also nicht den Fleck zum Anlass für ein Gesamtkunstwerk nehmen?

Als ich noch nicht so recht wusste, was ich denn auf eine Jeans eigentlich schreiben sollte, überlegte ich, was eine Hose eigentlich ausmacht, oder besser gesagt, wie ich sie sehe. Nun sieht man sie von vorne und von hinten, auf sich zu laufen und von sich weg laufen. Die Vorderseite sagt »Hallo«, die Rückseite »Tschüss« – im übertragenen Sinn. Ich fand den Gedanken amüsant und habe mir folglich typische »Begrüßungs-Floskeln« für vorne und »Abschieds-Floskeln« für hinten überlegt. Das reicht von der Begrüßung »Hello, I love you, won't you tell me your name?«, bis hin zum Abschied à la »Man soll aufhörn, wenn's am schönsten ist«.

Umgesetzt habe ich es mit *COPIC-Markern*. Ich muss dazu sagen, dass diese Farben einen Waschgang wohl nicht überleben werden. Deshalb lege ich jedem ans Herz, für permanente Textilgestaltung die dafür vorgesehenen Textil-Marker zu verwenden! Ein Beispiel dafür zeige ich Ihnen im nächsten Projekt.

*blue jeans, white shirt.
Auch heute trage ich die Jeans
gerne noch zum Arbeiten.*

STOFF *Beutel*

ZUM *Mitnehmen,* BITTE!

Bedruckte Jutetaschen gibt es mittlerweile wie Sand am Meer und wenn wir ehrlich sind, können wir sie allmählich nicht mehr sehen. Jeden noch so flotten Spruch haben wir nun doch schon zwei, drei, vierzehn Mal gelesen und er beeindruckt uns nur noch in den seltensten Fällen.

Abhilfe wartet im Bastel- und Künstlerbedarf: Dort gibt es Blanko-Jutebeutel oder auch -säcke, wie diesen hier, in verschiedenen Farben und Größen zu kaufen. Dazu Textil-Marker in schwarz, weiß oder bunt, in dick oder dünn, und dem individuellen Schmuckstück steht nichts mehr im Wege – außer vielleicht noch die zündende Idee. Fakt ist: Die Tasche wird ein Hingucker, den sonst keiner genau so auf dem Rücken trägt! Und was ist schöner als ein einzigartiges Accessoire?

Für diesen Beutel habe ich mich mal wieder unseren 26 besten Freunden gewidmet. Mein Tipp vom Anfang: Es muss nicht immer der tiefgründige oder aufwendige Spruch werden. Der Beutel wird auch genial, wenn es mal »nur« das Alphabet ist, welches man wunderbar gestalten und umsetzen kann. Und wie beschrieben: eine gute Übung für die eigene Fantasie, die Anatomie unserer Buchstaben sowie für die Weiterentwicklung unseres persönlichen Stils.

Gestalten Sie das Alphabet völlig frei – ob in einer Schriftart oder, wie hier, jeden Buchstaben anders. Damit das Motiv nicht nur auf einem Teil des Beutels sichtbar ist, habe ich das Alphabet einmal rings um den Beutel herumlaufen lassen. So endet das *Z* genau beim *A* und man hat so eine Endlosschleife geschaffen.

> *Material*
> **JUTEBEUTEL ODER JUTESACK, WEISSER**
> **TEXTIL-MARKER (JAVANA VON C. KREUL)**

Auch ein schöner Rücken
kann buchstäblich entzücken!

STOFF *Beutel*

Mein Tipp: Ist die Oberfläche des Beutels oder anderen Stoffstücks uneben und wirft z.B. schnell Falten, dann legen Sie ein Buch oder ein dickes Stück Pappe hinein.

So schaffen Sie sich eine stabilere Fläche, das Material lässt sich glattziehen und spannen und das Schreiben fällt deutlich leichter!

BESCHREIBUNG *hinzufügen*

Diese Leinwand ist wohl das Paradebeispiel dafür, dass man seine Angst vor der weißen Fläche überwinden kann – und muss!

Viele Jahre stand die Leinwand in meinem Wohnzimmer, so groß, weiß und leer. Tagein, tagaus bin ich an ihr vorbeigelaufen. Die Ideen, was ich mit ihr anstellen könnte, kamen und gingen mit stoischer Regelmäßigkeit. Irgend etwas hat mich abgehalten, irgend etwas gebremst oder blockiert. Ich glaube, eben weil sie so groß, weiß und leer war.

Dass ich sie mit Schrift gestalten wollte, war klar. Aber dann war da noch die berühmte Frage aller Fragen: »Was soll ich denn bloß schreiben?!«

Ich habe alles mögliche in Form von Sätzen, Zitaten und einzelnen Worten gesammelt und aufgeschrieben, mir gemerkt und wieder vergessen. Unzählige Bilder sind mir durch den Kopf geschwirrt. Und dann, à propos Kopf: Schreiben Sie doch wirklich einfach mal genau das, was Ihnen gerade in den Sinn kommt. Und zwar ganz egal was. Ob das nun tiefgründig ist oder nicht, spielt keine Rolle. Ob Gedanken, Fragen, Aussagen oder Worte. Sie werden staunen, wie viel in unseren Köpfen herumschwirrt. Und glauben Sie mir, es ist wahnsinnig befreiend.

Nehmen Sie sich Zeit dafür, nur mit Ruhe und Zeit können Sie sich ganz auf sich und Ihre Gedanken konzentrieren. Lassen Sie selbigen und Ihrer Fantasie komplett freien Lauf. Und machen Sie sich keine Sorgen über Schriftarten, über das Layout oder über sonstige Vorgaben. Die haben hier nichts verloren. Versuchen Sie das alles abzulegen. Es wird fließen – ganz bestimmt.

Diese Leinwand habe ich ausschließlich mit *Copic-Markern* in verschiedensten Grautönen und -abstufungen bis zu Schwarz gestaltet. Die Layout-Marker wirken toll auf der Leinwandstruktur. Und gerade, wenn sie nicht perfekt decken, entstehen spannende Effekte und man kann mit mehreren Layern, also Schichten, arbeiten.

Vom Kopf über die Hand auf die Leinwand. Völlig konzeptlos. Einfach machen.

Material
LEINWAND, DIVERSE MARKER (COPIC,
COPIC WIDE IN GRAU-ABSTUFUNGEN)

Freie Assoziation mit Sprüchen und Markern

STOFF *Leinwand*

DER *schönste* TAG

Eine echte Herzensangelegenheit und eine wunderbare Überraschung, die mir damit geglückt ist.

Als ich mit meiner lieben Freundin Anne über ihre bevorstehende Hochzeit plauderte und schnell feststand, dass ich die Tischkärtchen für ihre Feier gestalten sollte (Seite 62), kam uns auch eine weitere »Schnapsidee« in den Sinn: die Brautschuhe!

Wie wäre es, die Schuhe mit ganz persönlichen Worten, den Namen und natürlich dem Hochzeitsdatum der beiden zu gestalten? Wir waren beide hellauf begeistert und ich nahm die guten Stücke an mich.

Und jetzt möchte ich ehrlich sein: Ich hatte ganz schön große Angst, dass irgend etwas schiefgeht, dass die Farbe in dem feinen Satin-Stoff zu sehr verläuft oder ein sonstiges Missgeschick passiert. Es sind ja schließlich nicht irgendwelche Schuhe! Meine Freundin beruhigte mich: »Und wenn nur ein kleines rotes Herzchen von dir drauf ist, reicht das auch völlig!«

Aber ich wollte es versuchen. Mein Freund unterstützte mich mit einer großartigen Idee: Vorab fixierten wir die feinen Härchen des Materials noch mit Klarlack aus der Airbrush-Pistole. So konnte die Farbe meiner Acryl-Marker nicht zu sehr fließen. Und dann ging es los. Andächtig, fast schon meditativ verzierte ich die beiden Schuhe in gedecktem Rot und Gold.

Der Clou an der Geschichte ist aber, dass ich meine Freundin Anne bis zur Übergabe der Tischkärtchen in dem Glauben ließ, dass die Umsetzung leider nicht geklappt habe und es tatsächlich nur ein kleines Herzchen auf einem der Schuhe geben werde.

Die Überraschung, als sie den Schuhkarton öffnete, können Sie sich sicher vorstellen!

Ich bin unendlich glücklich über das Ergebnis und dass ich einen kleinen Teil zu diesem rundum wunderbaren Tag beitragen konnte! Das sind und bleiben eben die schönsten »Arbeiten«: die mit massig Herz!

Material

SCHUHE, KLARLACK, ROTER UND
GOLDENER ACRYLICMARKER
EXTRA FINE (MONTANA)

Individueller geht's nicht: Die Brautschuhe wurden mit persönlichen Worten, den Namen und dem Datum von Hand beschrieben.

Kapitel 4
NATUR

Dass uns bei der Gestaltung verschiedenster Oberflächen mit Schrift kaum Grenzen gesetzt sind, beweist uns auch die Natur: von Holz über Schiefer, von Beton bis zu getrockneten Blättern – sie hält spannende und reizvolle Strukturen und Materialien für uns parat. Und das Beste daran: Sie sind ganz einfach zu finden!

HOLZ 100
Der schönste Tisch ...

BLÄTTER 102
Blatt für Blatt

TON 106
Grüner Daumen

KORK 108
Prost Mahlzeit!

SCHIEFER 110
Aufs Dach schreiben

LEDER 112
Nimm Platz

DER *schönste* Tisch ...

... ist ohne Essen nur ein kahles Brett.

Wie wahr! Vor einigen Jahren schon bin ich über diesen Spruch gestolpert und habe ihn nicht mehr vergessen. Wie prädestiniert fand ich ihn für dieses Projekt und so stand die Idee schnell fest:

Schneidebrett – Küche – Kochen – Essen – Genießen – Tisch. Schmackhaft!

Als passende Kontrastfarbe zum Holz wählte ich Weiß. Beschrieben habe ich das Brett mit einem *Molotow-Marker* auf Acryl-Basis. Diese Marker sind wetter-, wasser- und lichtbeständig und für nahezu jeden Untergrund geeignet. Dennoch empfehle ich Ihnen, gerade wo es um Essen geht, auf dem Brett nicht mehr Ihr Gemüse zu schneiden. Aber seien wir ehrlich: Dafür ist es nun auch viel zu schade und macht sich viel besser als Tisch- oder Wandschmuck!

Die Umsetzung ist ein schönes Beispiel für einen Schrift-Mix. Überlegen Sie sich auch hier: Welche Worte haben Priorität oder auf welche sollte man besonders achten und sie hervorheben? Welche können dafür zurückhaltend und eher unauffällig sein? Machen Sie sich auch hier vorab eine Skizze. Das hilft ungemein und man ist bei der Übertragung sicherer. Insbesondere, wenn es schwierig bis unmöglich ist, den Text auf der Oberfläche noch zu korrigieren.

Ein glücklicher Zufall, dass das Brett ein Loch hat. So entschied ich schnell, wo oben und unten ist – und man könnte es sogar ganz einfach mit einem Nagel an die Wand hängen.

Die Rundung habe ich als Einstieg für den Text aufgegriffen und das »Der« im Halbkreis angeordnet. »Schönste« ist tatsächlich meine eigene Handschrift, also völlig frei und locker geschrieben. Der »Tisch« ist für mich im besten Fall ein massiver, stabiler Holztisch – mit diesen Adjektiven verbinde ich auf jeden Fall eine kompakte, stabile Antiqua, die optisch das Wort »schönste« sozusagen auf ihren Serifen trägt. »Essen« – lebendig, vielfältig, spannend – das auffälligste und für mich auch wichtigste Wort im Text. Während ich für »ohne« und »kahles« zwei sehr dünne, zurückhaltende Stile gewählt habe, die aber dennoch die Bedeutung der beiden Worte ausdrücken und vermitteln: kein Schnickschnack. Sie sind da, aber irgendwie auch nicht.

Material
**HOLZBRETT, PAPIER,
BLEISTIFT, WEISSER ACRYLMARKER
(MOLOTOW 127 HS EXTRA FINE)**

Und wieder wird aus einem einfachen Gegenstand
»von der Stange« ein kleines Kunstwerk, das vielseitig
einsetzbar ist: ob als Tischdeko, an die Wand gehängt
oder um das Baguette darauf anzurichten ...

DER
Schönste
TISCH IST
OHNE Essen
nur ein KAHLES
Brett.

BLATT *für* BLATT

Das folgende Projekt zeigt wohl mit am schönsten, wie vielseitig die Gestaltung mit Schrift sein kann. Und gleichzeitig ist es bis dato auch mein absolutes Lieblingsprojekt. Nun steht es hier eingerahmt in meiner Küche und erfreut mich immer noch jeden Tag. Viel Freude beim Kreativsein!

»Wann habe ich zum letzten Mal bunte Blätter gesammelt und diese dann zum Trocknen gepresst?« – diese Frage stellte ich mir vergangenen Herbst. Ich glaube, das war noch zu Grundschul-Zeiten. Aber es blieb es zum Glück nicht nur bei der Frage: Bei einem ausgiebigen Herbstspaziergang bei bestem Wetter setzte ich die Frage in die Tat um und kam mit einer großen Auswahl Blätter in verschiedensten Größen, Formen und Farben nach Hause. Dort trockneten sie dann eine Weile in einem dicken Buch vor sich hin, bis ich sie – doch eher zufällig – wiederfand. Irgendetwas wollte ich mit den schönen Ergebnissen anstellen. Wie so oft bei meiner Arbeit lag es nahe, die Blätter schön zu beschreiben.

Die finale Idee brauchte eine Weile, bis sie reifte und ich auch zufrieden mit ihr war. Die lange – und zugegebenermaßen etwas verzweifelte – Suche nach passenden Zitaten oder Versen zum Thema »Herbst« erschien mir irgendwann als zu plump. Ich wollte schon fast aufgeben und das Projekt verschieben, da stieß ich mit einem Mal auf ein Lied, das ich vor einigen Jahren rauf und runter gehört habe, wieder vergessen habe, wieder ausgegraben habe – Sie kennen das sicher. Und damit war die Idee für die Blätter geboren, stimmig und rund!

Ich mag es, Oberflächen oder Objekte mit Texten zu gestalten, die auf den ersten Blick so gar nichts mit ihnen zu tun haben, sondern erst auf den zweiten Blick den Sinn ergeben. Man muss also ein wenig um die Ecke denken.

Die prägnante Zeile aus dem Song »*The Way*« von *Fastball*, handelt von der Reise zweier Menschen, ins Unbekannte. »Aber wo gingen sie hin, ohne den Weg zu kennen?«

Ich bin der Meinung, diese Frage kann man auch auf all die bunten Blätter übertragen, die den Baum verlassen und vom Herbstwind getragen werden ...

Material

GETROCKNETE BLÄTTER, WEISSE & GOLDENE GEL-STIFTE (PENTEL), BLAUER PASSPARTOUT-KARTON, KLEBESTIFT, BILDERRAHMEN

Das elegante Dunkelblau des Passepartoutkartons bildet einen schönen Kontrast zu den warmen und erdigen Farbtönen der getrockneten Blätter.

BUT where were they going without EVER Knowing the way,

Fingerspitzengefühl

Nun ist es so, dass getrocknete Herbstblätter nicht unbedingt die stabilsten und robustesten Oberflächen sind, die man mit einem Stift beschreiben kann. Deshalb: Vorsicht! Mit genug Fingerspitzengefühl und Ruhe, wenig Druck und viel Muße klappt das aber gut.

Mein Tipp: suchen Sie sich aus Ihrer Sammlung ein Blatt aus, das Ihnen nicht so gut gefällt, und nehmen Sie es als »Übungs-Blatt« – schöne Zweideutigkeit! So bekommen Sie schnell ein Gefühl für die Beschaffenheit und wissen, wie Sie mit den filigranen Schmuckstücken umgehen müssen.

Je nach Textmenge suchen Sie sich die Schönsten, aber auch von der Größe her geeignetsten Blätter aus. Ich habe für meine Umsetzung überlegt, welches Wort oder welche Worte auf welches Blatt passen, und so mein »Layout« auf einem dunkelblauen Passepartout-Karton angelegt. Ich mag den Kontrast zwischen dem Blau und den gefärbten Herbstblättern sehr. Dazu habe ich Weiß für die Schriftfarbe gewählt – ein harmonisches Gesamtbild.

Einen besonders schönen und dreidimensionalen Effekt bekommt das fertige Werk, wenn Sie die Blätter mit einem kleinen Punkt Klebestift auf dem Untergrund befestigen und anschließend einrahmen. So haben Sie sich ein neues und besonderes Kunstwerk für Ihre eigenen vier Wände geschaffen!

Grüner DAUMEN

Die immer gleichen Farben Ihrer Blumen- und Übertöpfe zu Hause fangen an Sie zu langweilen? Dann nichts wie ran an die Töpfe und der Lieblingspflanze einen neuen Anstrich verschaffen! Mit originellen Beschriftungen, Worten und Texten wird das Fensterbrett zur Ausstellungsfläche.

Hier habe ich mir drei Übertöpfe in verschiedenen Farbtönen und Größen rausgesucht: Ton, Terracotta und Porzellan.

Da ich persönlich ein großer Fan von Sukkulenten bin, kam mir die Idee mit den lateinischen Bezeichnungen und Erklärungen. Eine etwas andere Idee, die sich aber auf jede Pflanze adaptieren lässt. Der kleinste Topf ist für den Pflanzen-»Nachwuchs«, während der elegante, weiße Topf mit einem verspielten Text auf Französisch verziert wurde.

Material
ÜBERTÖPFE, ROSA ACRYLMARKER (MOLOTOW 127 HS), KUPFERFARBENER & SCHWARZER LACKMARKER (EDDING® 780) & FEINER WEISSER PERMANENTMARKER (PILOT "SUPER COLOR" EXTRA FINE)

Latein für Anfänger, Französisch für Fortgeschrittene und ein kleiner Terracotta-Topf für den »Nachwuchs«

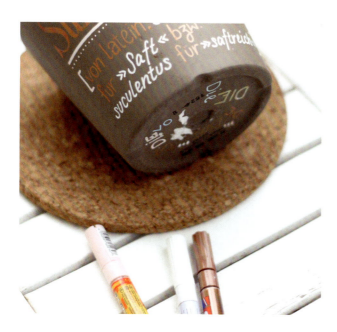 

Sowohl Porzellan- und Glas-Marker aus dem Bastelbedarf als auch Graffiti-Marker auf Acryl-Basis eignen sich gut für die Gestaltung von Ton, Terracotta oder Porzellan. Wenn Sie sich unsicher mit der Farbwahl oder -wirkung sind: kein Problem – testen Sie Ihre Stifte, wie hier zu sehen, einfach auf der Unterseite des Topfes, dann merken Sie ganz schnell, wie gut sich die Farbe auftragen lässt, wie stark Sie aufdrücken müssen und ob die Farben auf dem Ton harmonieren. Und schon kann es losgehen!

Prost MAHLZEIT!

Diese kleinen, runden Kork-Untersetzer gibt es in Einrichtungshäusern oder Deko-Geschäften. Wahlweise kann man sich auch größere Kork-Matten kaufen und diese zurechtschneiden.

Legen Sie am besten gleich ein Stück zur Seite, um dieses für Stift-Tests zu verwenden. Als Kontrastfarbe eignet sich dennoch Weiß sehr gut und Marker speziell für »Terracotta / Holz / Karton«, wie zum Beispiel von *edding®*, funktionieren gut auf dem porösen Material. Aber auch dünne Acryl-Marker eignen sich gut. Damit das Ergebnis dennoch nicht zu blass wirkt, müssen Sie gegebenenfalls zwei Mal darüber gehen, da der Kork gerne viel Farbe aufsaugt.

Für diese Umsetzung habe ich mir, passend für eine feucht-fröhliche Feier, »Prost« auf verschiedensten Sprachen herausgesucht und in ganz unterschiedlichen Stilen umgesetzt. Statt Tischkärtchen könnten Sie zum Beispiel auch die Namen der Gäste darauf schreiben oder Worte, Zitate etc., die zu Ihrer Feier passen könnten. In diesem Sinne: cheers!

> *Material*
> KORK-UNTERSETZER, KORK-STICKER,
> WEISSER MARKER (EDDING® FÜR
> TERRACOTTA, HOLZ, KARTON)

»Prost, Jámas oder auch Cheers« –
Bierdeckel und Untersetzer mal anders!

Ein Kork-Abschnitt eignet sich gut für die ersten Schritte. Hier sehen Sie deutlich: »Prost Mahlzeit« wirkt deutlich kräftiger, während »knorke« mit nur einer Farbschicht etwas verblasst.

Diese kleinen Kork-Sticker sind mir zufällig begegnet und ich musste sie mitnehmen! Mit einem kurzen Wort oder auch nur einem Symbol stellen sie jeden herkömmlichen Sticker ganz klar in den Schatten!

Aufs **DACH** *schreiben*

Für dieses Projekt müssen wir nicht in luftige Höhen. Alle mit Höhenangst, inklusive mir, können aufatmen. Wir holen uns ein schönes Stück Schiefer auf den Schreibtisch und gestalten die Platte mit Zitaten oder anderen Texten. Auch ein »Willkommen« für den Hauseingang bietet sich an – wie immer: Ideen und Anwendungen gibt es zu genüge!

Wenn Sie sich für einen längeren Text, oder ein Zitat wie hier, entscheiden, ist es sinnvoll, sich eine Vorzeichnung mit den ungefähren Maßen des Schiefers zu machen. Nicht, dass man beim späteren Übertragen in Platznöte kommt.

Wenn Sie die Schieferplatte gerne als Schmuck vor der Haustür oder im Garten haben möchten, nehmen Sie auf jeden Fall wasser- und wetterfeste Acrylfarben. Ab-

schließend könnte man das Ganze noch mit einem Klarlack (z.B. Sprühlack) versiegeln und fixieren. Ebenfalls gut funktioniert der zuvor beschriebene *edding*® für »Terracotta / Holz / Karton« oder die Marker aus dem Projekt »Ton«.

Bei einer schwarz-weißen Gestaltung kommt ein Negativ-Effekt immer besonders toll zur Geltung. Egal ob auf Papier oder wie hier: Setzen Sie ein Wort, das Ihnen besonders am Herzen liegt oder das Sie hervorheben möchten, beispielsweise in einen Kreis oder in eine andere Form. Sparen Sie die Buchstaben unbedingt groß genug aus! Verkleinern geht immer, Vergrößern leider nicht. Es erfordert für die ersten Male ein wenig Übung, bis man ein Gefühl für Negativ-Flächen bekommt, aber das Ergebnis zahlt sich immer aus, wie hier das Wort »Ganze«!

> *Material*
> PAPIER, BLEISTIFT, SCHIEFERPLATTE,
> WEISSER ACRYLMARKER (MOLOTOW 127
> HS EXTRA FINE), KLARLACK

Der dunkle Schiefer bildet mit weißer Farbe einen wunderschönen Kontrast und ist ein tolles Material!

Nehmen Sie die Schieferplatte, legen Sie sie als Schablone auf ein DIN-A4-Papier (je nachdem, wie groß die Platte ist) und ziehen Sie die Kontur nach. So können Sie das Motiv ganz einfach 1:1 übertragen.

Übertragen Sie Ihren Text Schritt für Schritt auf die Platte und schmücken Sie das Motiv mit illustrativen und dekorativen Details weiter aus.
Et voilà: die fertig gestaltete Platte – ein Hingucker!

NIMM *Platz*

Was ich besonders mag, ist die Gestaltung von All-tagsgegenständen. Dinge, die wir alle kennen, de-nen wir täglich begegnen und die einfach da sind. Sie sind selbstverständlich für uns und wir denken nicht wirklich über sie oder ihren tieferen Sinn nach. Aber gerade das finde ich besonders spannend.

Haben Sie sich schon einmal gefragt, was eigentlich ein Sessel für Sie bedeutet? Nein? Macht nichts. Habe ich vorher auch nicht. Aber dann bin ich diesem alten Schmuckstück begegnet. Es war Liebe auf den ersten Blick und – so viel kann ich schon sagen – die bis dato bequemste aller Arbeiten.

Ein Sessel bedeutet für mich: reinfallen lassen, alleine sein, mein Platz, Ruhe, ausatmen, durchschnaufen, Pause machen. Spinnt man diesen Gedanken weiter, so verbinde ich mit ihm auch ein gutes Buch zu lesen. Kurz aus der digitalen Hektik des 21. Jahrhunderts zu entfliehen. Handy aus, Tablet aus, Laptop aus. Ein Raum, ein Platz ohne leuchtenden Bildschirm und Klingelton. Ohne W-LAN und ohne Empfang. Sich be-wusst abmelden, offline gehen sozusagen.

Genau diese Gegensätze oder Kontraste wollte ich auf dem Sessel thematisieren und umsetzen. Ein prägnanter Satz ist mir besonders oft begegnet und dem begegnen wir alle ständig. Da nehme ich mich gar nicht raus: »Warte mal schnell, ich muss noch ...« Warte – mal – schnell. Was für eine völlig paradoxe und widersprüchliche Aussage ist das eigentlich?

Im Rahmen dieser Überlegungen habe ich mir einige Aussagen und Sätze rausgesucht, die wir, Sie, ich oft hören und oft sagen. Ich habe sozusagen genau das auf den Sessel geschrieben, was uns viel zu oft aus diesem Sessel wieder rausholt.

Gerade, als wir uns abmelden wollten, vibriert das Handy und uns fällt plötzlich ein, was wir alles noch eben schnell machen wollten: die eine E-Mail schnell noch tippen, Facebook mal schnell updaten, schnell etwas googeln oder nur schnell mal Instagram che-cken? Die Stunden vergehen und unsere Augen hät-ten sich gefreut, einfach mal wieder in ein gutes, al-tes, gedrucktes – ja, analoges – Buch zu blicken. Aber wir schnappen uns den leuchtenden Screen und flu-chen: »Warum zur Hölle ist das W-LAN hier schon wieder so langsam?«

Wir stehen aus dem Sessel auf und gehen aus dem Zimmer.

Material
SESSEL, VERSCHIEDENFARBIGE, UNTER-SCHIEDLICH STARKE GRAFFITI-MARKER (MOLOTOW »ONE 4 ALL«)

Wie der berühmte Fels in der Brandung steht er da, der Ruhepol, im Trubel und Treiben der Stadt. Gegensätzlicher geht es wohl kaum.

NATUR *Leder*

Für die Gestaltung habe ich die *ONE4ALL-Marker* von *MOLOTOW* in verschiedensten Farben und Stärken verwendet. Das alte, weiche und geschmeidige Leder ließ sich wunderbar damit beschreiben. Und auch die Arbeit an sich war entspannend. Glauben Sie mir: Das ist der gemütlichste Sessel der Welt!

Kapitel 5
GLAS

Was für ein spannendes und vielseitiges Material. Unserer Fantasie können wir bei der Gestaltung von gläsernen Objekten freien Lauf lassen – egal ob Flaschen, (Einmach-)Gläser, Vasen, Schalen oder Oberflächen wie Spiegel und (Schau-)Fenster – nahezu nichts ist unmöglich!

In diesem Kapitel zeige ich Ihnen einige Projekte und Techniken zur Gestaltung auf Glas und Porzellan. Außerdem zahlreiche Tipps, die die Arbeit auf den oft runden und sehr glatten Oberflächen deutlich erleichtern.

GEFÄSSE *118*
Ans Eingemachte

GLASSCHMUCK *122*
Eine runde Sache

GESCHIRR *124*
Es ist angerichtet

FENSTER *128*
Durchblick bewahren

ANS *Eingemachte*

Zugegeben, gerade bei runden Gefäßen wie Gläsern oder Flaschen braucht es ein wenig Übung und, wie so oft, eine besonders ruhige Hand. Aber lassen Sie sich nicht entmutigen – sollte etwas mal nicht sofort klappen, gibt es auch hier einfache Tricks und Tipps, die Ihnen die Umsetzung erleichtern.

Täglich halten wir verschiedenste Glasgefäße in unseren Händen: das Marmeladen- oder Honigglas und die Milchflasche beim Frühstück, verschiedenste Einmachgläser oder Aufbewahrungsgefäße für diverse Speisen und Getränke.

Wenn der Inhalt schon mit viel Liebe und Hingabe zubereitet wurde, warum nicht auch das öde Drumherum bzw. die Verpackung von Hand verschönern? Gläser, Flaschen und Co. gibt es in den unterschiedlichsten Formen, Größen und auch Farben.

Je nach Inhalt können Sie die Farbe, mit der Sie gestalten, so wählen, dass ein gut sichtbarer Kontrast entsteht und man die Schrift gut lesen kann. Auch zum Inhalt passende Illustrationen wie Obst, Gemüse oder andere Elemente bieten sich beim Thema Essen und Trinken besonders gut an.

Auf der folgenden Doppelseite zeige ich Ihnen anhand eines Marmeladenglases Schritt für Schritt einen einfachen Trick, mit dem die Beschriftung ganz sicher klappt und nichts schiefgehen kann!

Material

EINMACHGLÄSER, SCHWARZE, WEISSE & GOLDENE LACK-MARKER (EDDING® 780 FÜR GLAS, METALL, PLASTIK 0,8 MM UND 2-4 MM STÄRKE), UNTERLAGE, SKIZZENPAPIER, BLEISTIFT, LINEAL, TRANSPARENTES KLEBEBAND, SCHERE, HANDSCHUH

Goldige Angelegenheit: Mit geringem Material- und Zeitaufwand lassen sich ausgefallene und einzigartige kleine Kunstwerke schaffen.

GLAS *Gefäße*

Schritt 1
Gut vorbereitet: Legen Sie sich alles, was Sie zur Beschriftung brauchen, griffbereit zurecht: Unterlage, Skizzenpapier, Bleistift und Lineal, Klebeband, Schere, die Lack-Marker, einen Handschuh (gibt es z.B. von *Montana*) und natürlich die Gläser.

Schritt 2
Hilfestellung: Definieren Sie zuerst die Größe und das Format, das Ihre Beschriftung auf dem Glas haben soll. Dann machen Sie sich den Entwurf dazu.

Schritt 3
Platzieren: Die Vorzeichnung ausschneiden und mit zwei Streifen transparentem Klebeband in das Glas auf die gewünschte Stelle kleben. Es kann losgehen!

Schritt 4
Geschmackssache: Wer mit einem Handschuh zurecht kommt, zieht diesen an. Den Lackstift gut schütteln und vorsichtig pumpen, bis die Farbe in die Spitze fließt. Hier habe ich die feinste Stärke von 0,8 mm gewählt.

Schritt 5
Handspiel: Nun ziehen Sie ihre Vorzeichnung auf dem Glas vorsichtig Schritt für Schritt nach.

Schritt 6
Voilà: das fertige Glas! Nach Belieben oder Inhalt können Sie dieses auch noch mit kleinen Illustrationen oder anderen dekorativen Elementen verzieren.

GLAS *Schmuck*

EINE *runde* SACHE

Was wäre der alljährliche Weihnachtsbaum ohne sie? Christbaumkugeln. Sie funkeln, leuchten und glitzern in den tollsten Farben und Formen. Aber es gibt sie eben auch ganz schlicht, einfarbig oder wie hier aus Glas.

Mit ein wenig Übung und Geduld gelingen Ihnen ganz individuelle und besondere Schmuckstücke für Ihren eigenen Christbaum oder auch als Geschenk.

Ich möchte ehrlich sein: Als ich die beiden sehr dünnwandigen Glaskugeln in den Händen hielt und den Stift angesetzt habe, habe ich bereits nach kurzer Zeit geflucht – ich bin abgerutscht, der Schwung war krakelig ... Aber dann sagte ich zu mir: »Es muss nicht perfekt werden und es soll auch nicht perfekt sein. Es ist handgemacht. Und handgemacht ist schlichtweg nicht gedruckt!«
Perfektionismus ablegen lautet die Devise. Und bevor Verzweiflung aufkommt, hier meine Tipps: Halten Sie Wattestäbchen und Nagellackentferner bereit! Die meisten Lackstifte, wie von *edding*® oder *PILOT*, lassen sich damit mühelos wieder entfernen. Arbeiten

Sie, wenn Sie damit zurechtkommen, mit einem Handschuh, um die natürlichen Fettflecken von unserer Haut zu vermeiden (manche Stifte reagieren darauf und die Farbe wird nicht mehr angenommen). Eine weiche Unterlage, wie zum Beispiel ein dickes Handtuch, verhindert Kratzer und gibt gleichzeitig besseren Halt. Denn es ist nicht ganz einfach, solch zerbrechliche Kugeln in der Hand zu halten und gleichzeitig zu beschreiben.

Aufgrund der Rundung haben wir nur eine äußerst geringe Auflagefläche für unsere Hand. Aber Improvisation ist bekanntlich alles: Wenn Sie die Kugel vor sich liegend beschreiben, nehmen Sie ein dickes Buch oder etwas ähnliches, das ungefähr die Höhe der Kugel hat. So liegt Ihre Hand höher und Sie werden sich beim Schreiben viel leichter tun.

Gerade für die Weihnachtszeit machen sich Metallic-Farben wie Silber, Gold oder Kupfer besonders schön – nicht zuletzt, weil die Farbtöne einen tollen Kontrast zum satten Tannengrün des Baumes bilden. Auch ein dunkles Rot würde sich gut machen.

Material
CHRISTBAUMKUGELN AUS GLAS,
WEISSER & GOLDENER LACKSTIFT
(PILOT „SUPER COLOR"), HANDSCHUH,
WEICHE UNTERLAGE, WATTESTÄBCHEN,
NAGELLACKENTFERNER

Hat sonst niemand: Ihr ganz persönlicher
und individueller Christbaumschmuck.
Staunen vorprogrammiert!

GLAS *Geschirr*

ES IST *angerichtet*

Das alljährliche Weihnachtsessen – ein beliebtes Thema für unzählige Komödien und Geschichten. Und ich lehne mich mal weit aus dem Fenster und behaupte, dass wir alle unsere eigene Geschichte dazu haben. Aber hoffentlich immer mit Happy End!

Alle Jahre kommt sie wieder, und immer erschreckend plötzlich: die besinnliche Weihnachtszeit. Und jedes Jahr aufs Neue, so scheint es, wollen wir uns doch wirklich mal besinnen, die letzten Tage friedlich ausklingen lassen und reflektieren. Ganz ohne Stress in die Feiertage starten. Klappt natürlich immer ... Das fängt mit dem Geschenke-Wahnsinn an und hört mit der verbrannten Weihnachtsgans im Ofen auf.

Dann ist er da, der heilige Abend. Der Tisch ist gedeckt und die Nerven liegen blank. Mit Augenzwinkern und einer großen Portion Sarkasmus wollte ich mich dieses Themas annehmen. Typische Gesprächsausschnitte oder Streitthemen aufgreifen und alles auf das arrangierte Geschirr übertragen.

Die achteckigen Formen eigneten sich gut, um die einzelnen Teile auf einer schwarz lackierten Holzplatte mittels Heißklebepistole anzuordnen. Meine Idee war es, auch den Untergrund mit einzubeziehen. Das bedeutet, ich habe im rechten Winkel sowohl über die Platte als auch über und in das Geschirr geschrieben. Ich gebe zu: ganz einfach war das nicht, aber der optische Effekt, der am Ende entsteht, hat mich angespornt weiterzumachen. Gearbeitet habe ich mit weißen Acryl-Markern. Dieser starke Schwarz-Weiß-Kontrast hat zusammen mit den unterschiedlichen Spiegelungen des Geschirrs auf den Fotos einen äußerst spannenden und fast schon grafischen Charakter erzeugt. Besonders alltagstauglich ist dieses Projekt zwar nicht, die Technik lässt sich aber natürlich auch auf einzelne Stücke eines Services übertragen, wie zum Beispiel auf eine Servierp atte, kleine Müslischüsseln oder besondere Tassen. Wenn Sie aus dem beschrifteten Geschirr noch essen wollen, sollten Sie darauf achten, dass die Stifte lebensmittelecht sind oder nur die Außenseite verzieren.

Material
GESCHIRR, WEISSE ACRYL-MARKER IN VERSCHIEDENEN STÄRKEN (MONTANA ACRYLIC)

Mehr ein Kunstwerk als praktisches Geschirr

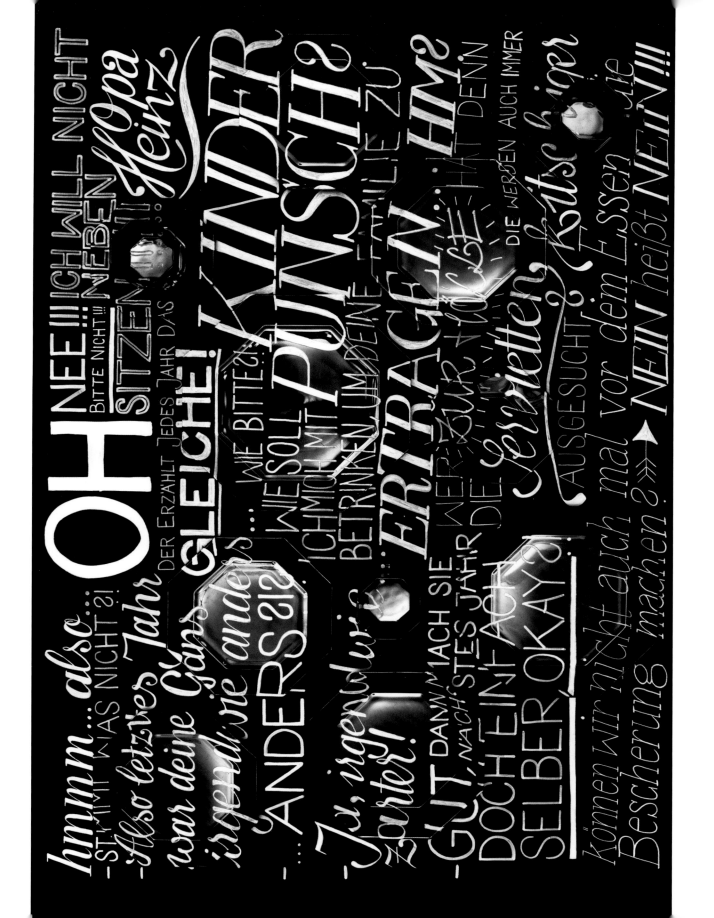

GLAS *Geschirr*

Alles senkrecht?! Auch wenn die Umsetzung nicht ganz einfach war: Das Wechselspiel zwischen Untergrund und Oberfläche macht Rückenschmerzen wieder wett!

DURCHBLICK *bewahren*

Was mit einer Idee für die Abschlussarbeit meines Studiums begann, wurde fast schon zu einem Hauptteil meiner jetzigen Arbeit: Fenster! Um genau zu sein: Schaufenster.

Vor allem im Einzelhandel arbeite ich viel mit Kreidemarkern oder auch mit Acryl-Stiften, wenn das Ergebnis länger haltbar, also permanent sein soll. So ist die Beschriftung geschützt vor Wind und Wetter. Mal arbeite ich von außen, mal (etwas komplexer) spiegelverkehrt von innen.

Man sollte immer im Blick haben, wie es hinter der Scheibe aussieht: viel oder wenig Dekoration? Welche Farben überwiegen? Was soll man vielleicht unbedingt noch sehen können? Auch muss man darauf achten, welche Spiegelungen im Fenster passieren. So funktioniert meistens Weiß als Gestaltungsfarbe am besten, da bei dunklen Farben oder Schwarz der Kontrast oft nicht stark genug ist.

Auf den folgenden Seiten habe ich einige meiner Projekte herausgesucht, die Ihnen die vielseitigen Gestaltungsmöglichkeiten auf Glas zeigen und vor allem inspirieren sollen.

Und danach verrate ich Ihnen noch einige meiner liebsten und wichtigsten Tricks!

Material
**FENSTER, WEISSER KREIDEMARKER
(EDDING®)**

Fotos auf der folgenden Doppelseite, von links nach rechts:
»BMF« Bar, Nürnberg: Bachelor-Arbeit, temporär, Kreidemarker Weiß /
»Herr Menig Optik«, Nürnberg: Weihnachtsgestaltung, permanent,
Acryl-Marker Gold / »PARKS« Nürnberg: Glaszaun um das Außengelände
im Rahmen diverser Veranstaltungen, permanent, Acryl-Marker Weiß /
»Einfach Anders«, Nürnberg: Schaufenstergestaltung, spiegelverkehrt,
temporär, Acryl-Marker Weiß / »Atelier Photisserie«, München: Eingangstür
Atelier Logo-Übertragung, permanent, Acryl-Marker Weiß / »Salon Regina«,
Nürnberg: Schaufenster zu meiner Ausstellung während der GoHo Atelier-
tage 2015, temporär, Acryl-Marker, Weiß.

Erfahrungs-*werte*

Im Laufe meiner Arbeit, insbesondere im ersten Jahr meiner Selbstständigkeit, habe ich im Bereich der Fenstergestaltung massig Erfahrungen gesammelt – durchaus auch ärgerliche. Aber gerade aus ihnen lernt man dazu und so habe ich mir einige Tricks angeeignet, die ich Ihnen nun gerne verraten möchte.

Wissenswertes für die Umsetzung

Vorher die Scheibe(n) putzen! Normal mit Wasser und hinterher mit einem Baumwolltuch trocken wischen. Aggressives Putzmittel kann Spuren hinterlassen und den Farbauftrag negativ beeinflussen; das Glas nimmt die Farbe z.B. nicht richtig an oder sie deckt nicht gut.

Arbeiten Sie spiegelverkehrt von innen? Kleben Sie sich Ihre Entwürfe oder Skizzen an die Außenseite. So sind auch schwungvolle Schreibschriften kein Problem!

Bei der Arbeit mit Kreide ist Schnelligkeit gefragt, denn die flüssige Kreide trocknet sehr schnell. Wenn Sie zu lange warten und ein zweites Mal darüber gehen, wischen Sie die erste Schicht der getrockneten Kreide in einem Zug wieder weg – ärgerlich! Deshalb versuchen Sie, Flächen o.ä. schnellstmöglich auszufüllen, damit das nicht passiert. Auch hier der Tipp: lieber Buchstabe für Buchstabe arbeiten.

Manche Acryl-Marker mögen keine Kälte. D.h. wenn die Scheibe im Winter sehr kalt ist, mag der Farbauftrag nicht ganz so, wie wir wollen. Einfachste Lösung: im Sommer arbeiten!

Versuchen Sie die Marker im Lot zur Scheibe zu halten. Also im 90°-Winkel statt schräg angesetzt (wie beim Schreiben auf Papier). So fließt die Farbe oftmals besser (auch bei Kälte!).

Schieflage

Wenn Sie sich fragen, warum »Schnur & Klebeband« auf der Liste stehen, kommt hier die Auflösung und mein liebster Trick:
Damit die Schrift schön horizontal auf der Fläche verläuft, und nicht abrutscht oder tanzt, können Sie sich an die Innen- oder Außenscheibe – je nachdem, wo Sie arbeiten – eine Schnur spannen, die Ihnen so als Hilfslinie dient. Dieser Trick funktioniert auch prima auf großen Tafeln oder anderen Flächen. Eben einfach immer dann, wenn ein ordentliches, gerades Ergebnis gewünscht ist.

Blitzeblank

Nachdem ich mich viel zu lange mit Lösungsmitteln, Terpentin und am Ende auch mit den Fingernägeln abgemüht habe, kommt hier ein einfacher wie genialer Trick: Wenn Sie beispielsweise mit Acryl-Farben arbeiten, das Werk aber irgendwann wieder entfernt werden soll, legen Sie sich einen haushaltsüblichen Ceranfeldschaber zu. Genau wie der Schmutz auf dem Herd lässt sich damit die Acryl-Farbe kinderleicht von Glasscheiben entfernen. Noch einmal drüber wischen – fertig! Als wäre nichts gewesen (aber ein Funken Wehmut schwingt mit!).

Darf für die Arbeit auf Fensterglas
in keiner gepackten Tasche fehlen:

muss mit :

* HANDSCHUHE ! & altes Handtuch
* Pappe / Papier zum Pumpen d. Stifte !
* Schnur & Klebeband
* Ceranfeldschaber
* Skizzenpapier
* alte Klamotten !

Kapitel 6
TAFEL

Wir begegnen ihnen mittlerweile fast überall: ob in der Gastronomie oder im Einzelhandel – schön gestaltete Tafeln bestechen durch ihren ganz eigenen handwerklichen Charme. Das Gute daran: Man braucht nicht mehr als übliche Tafelkreide und Marker mit Flüssigkreide. Vor allem die Kombination aus den Techniken ergibt einen schönen Kontrast in der Gestaltung auf Tafelflächen.

In diesem Kapitel habe ich Ihnen, ähnlich wie beim Fensterglas, verschiedene Projekte ausgewählt, die die ganz unterschiedlichen Gestaltungsmöglichkeiten mit Kreide zeigen sollen. Die Hauptsache aber: analog!

TIPPS *136*
und Tricks

Kleine Botschaften *138*
Good news

INTERMEZZO *140*
Vielfalt zeigen

Tipps
& Tricks

Wie Sie auf den Seiten 140 und 141 sehen können, ist die Gestaltung von Tafeln oder mit Tafellack gestrichenen Flächen wahnsinnig vielfältig und es macht großen Spaß, sich auf den zum Teil richtig großen Flächen auszutoben. Und das Gute an der Arbeit mit Kreide: Man kann schnell korrigieren, wenn einmal etwas nicht ganz so klappt.

1 & 2 Auch bei (größeren) Tafelgestaltungen lässt sich der Trick mit der gespannten Schnur problemlos anwenden. Insbesondere bei Speise- oder Getränkekarten, bei denen die Lesbarkeit im Vordergrund stehen sollte, sind diese Hilfslinien Gold wert!

3 Improvisation ist alles: Freihand Formen ziehen erfordert viel Übung. Damit es auch so klappt, muss man sich nur ein wenig zu helfen wissen. Eine Rolle Klebeband, ein Glas oder andere geometrische Gegenstände eignen sich wunderbar als Schablone.

4 Vorsicht auf Flächen wie Holz, die mit Tafelfarbe gestrichen wurden: Diese sind durchaus empfindlich und man bekommt vor allem flüssige Kreide nur bedingt wieder weg. Wenn sie erst einmal in das Holz eingezogen ist, wird immer ein Rückstand sichtbar sein. Mein Tipp: Seien Sie vorsichtig beim Skizzieren und arbeiten Sie mit normaler Tafelkreide. Drücken Sie nicht zu fest auf – leichtes Stricheln genügt. Dann können Sie die Konturen oder Linien mit einem Baumwolltuch wieder abtupfen.

5 & 6 Auch bei Tafelgestaltungen sind das berühmte Schmierpapier und der Karton zum Pumpen der Stifte unabdingbar. Halten Sie immer ein sauberes Blatt Papier griffbereit, um, wie bei 6, auch mal eine Hand darauf abstützen zu können, ohne dass das Ergebnis verschmiert oder verwischt. Außerdem erleichtert Ihnen auch hier ein (sauberer!) Handschuh die Arbeit, damit die Hand geschmeidig über die Fläche gleiten kann und nicht stockt.

Good NEWS

Bevor wir uns größeren Tafeln oder gar ganzen Wandflächen widmen, möchte ich Ihnen die gute alte Schiefertafel zeigen, die – denke ich – fast jeder zuhause hat. Ob blanko oder liniert, ganz klein, etwas größer oder wandfüllend: Platz für liebe, witzige Botschaften ist allemal!

Ob im Flur oder beliebt auch in der Küche: Größere und kleinere Tafeln bringen ihren Charme automatisch mit. Handgeschriebene Einkaufszettel, Erinnerungen, Termine oder auch kleine Botschaften und Nachrichten für die Liebsten oder die Mitbewohner – es ist eben etwas anderes als eine Notiz im Handy oder eine SMS.

Es ist handgemacht. Und dabei geht es hier überhaupt nicht um Perfektion oder irgendwelche Regeln. Ob in Druckbuchstaben, schwungvoll in Schreib- oder Handschrift – Hauptsache handgemacht.

Und mehr als ein Stück Kreide brauchen wir für diese kleine Schiefertafel auch gar nicht. Wenn das Ergebnis nicht gefällt, liegen ein nasser Schwamm und ein Baumwolltuch parat und man kann von vorne anfangen. So können Sie mit kleinen Botschaften, wenig Aufwand und ganz ohne »gestalterischen Stress« sich selbst und dem Gegenüber ein Lächeln ins Gesicht zaubern. Probieren Sie es aus!

Material
TAFEL, HERKÖMMLICHE WEISSE TAFELKREIDE, SCHWAMM, TUCH

Kleine Botschaften, die den Arbeitsalltag versüßen oder beim Frühstück schon ein Lächeln ins Gesicht zaubern.

DIE AUTORIN

Alles, was auch nur im Entferntesten mit Buchstaben, Schrift und Schreiben zu tun hat, wurde für die selbstständige Designerin Hannah Rabenstein aus Nürnberg zur absoluten Faszination und Liebe.

Ob auf Papier, Glas oder Tafel, auf Möbeln, Textilien oder Fahrzeugen – bei der Gestaltung mit Schrift gibt es in Sachen Kreativität und Technik keine Grenzen. Und genau diese Vielfalt liebt sie an ihrem Beruf.

Auch wenn es später mal digital wird, wie beispielsweise bei Logo-Entwicklungen, für Leuchtschriftzüge oder auch Textildrucke, beginnt die Arbeit immer analog mit Stift und Papier. Besonders schön: Bei den richtigen Temperaturen kann man seinen Arbeitsplatz somit gerne mal nach draußen verlegen.

Während sie im Laufe ihres Design-Studiums in Nürnberg schnell zur „Typo-Hannah" für alle wurde, zahlt sich der Gedanke, auch nach dem Studium in der fränkischen Bratwurststadt zu bleiben, aus: Von dort aus reist sie für Jobs, Workshops und Ausstellungen in alle Himmelsrichtungen und wird von Agenturen gebucht, wenn es Bedarf an Schrift und Buchstaben gibt.

Es wird also so schnell nicht langweilig. Und wenn es nach ihr ginge, möchte sie erst damit aufhören, wenn die rechte Hand nicht mehr mag. Wobei – dann gäbe es ja immer noch die Linke…

MERCI

So ein Buch schüttelt man ja nicht mal eben so aus dem Ärmel. Dass da auch gerne mal der eine oder andere Nerv blank liegt, gehört wohl schlichtweg dazu. Und was wäre ein solches Projekt ohne die Unterstützung, ohne die haltenden und helfende Hände, ohne die guten Worte und den Zuspruch von den wertvollsten Menschen, die einen umgeben? – Genau: nichts.

Mein Cris
Auch auf die Gefahr hin, mich zu wiederholen: Du bist mein Freund, mein Mann, mein Held und Retter. Du bist da und du bist an meiner Seite, du hebst mich hoch und fängst mich auf. Dafür gibt's nur zwei Worte: LiebeLiebe.

Meine Raben
Zu wissen, dass ihr immer hinter mir steht, mir helft, wenn's denn mal brenzlig wird, dass ihr meine Arbeit schätzt und ebenso unterstützt, ist das Beste. Ihr seid das Beste, Rabenfamilie.

Meine Poppins
Der musste sein, ok? Du bist das Wunderbarste in meinem Leben. Sisters in crime. Nur mit dir. Lachen & Weinen – wenn wir zusammen sind, bin ich komplett. Für immer. Kitschig aber wahr!

Jan
Mein Bester. Danke, dass es dich gibt und dass du immer Ohr, Zeigefinger und Schulter für mich hast!

Anne, Claus und Helena
Meine Besten. Ihr wundervollen Drei seid ein großer Teil in meinem Leben und jetzt auch in diesem Buch. Danke für immer gute Laune, liebe Wesen und unsere Freundschaft!

Andrea & Volker
Es ist verrückt, aber egal was ich tue, ihr seid immer irgendwie ein Teil davon. Danke, dass ihr mich auf meinem Weg so gut gelehrt und geprägt habt und mich immer noch begleitet! Es ist schön, dass es euch gibt!

Aga, Romy, Nüssi, Heike & Steff, Petra
– ihr macht mein Leben irre bunt, fröhlich und wunderbar! Ein Hoch auf euch Ladies! Selbiges gilt für die Männers: **Knut, Jacek, Domi, Harry, Phil, Jo & Richard.**
Danke allen Freunden, Bekannten, Kollegen & Followern für's Mitfiebern, Daumen drücken & anstoßen!

Juliane & John
Ihr braucht jetzt sicher auch erstmal Urlaub ... Ich danke euch sehr, dass ihr mit mir zusammen dieses echte Herzensprojekt so fantastisch umgesetzt habt und immer zur Stelle wart. Danke für deine Beruhigungskünste, liebe Juliane, und dir, John, für deine Grafik-Skills und Engelsgeduld mit uns Ladies!

Ein Dankeschön geht auch an einen der ganz großen Fotografen unter dieser Sonne: Cristopher Civitillo. Wurde ja auch Zeit. Und an meinen lieben Freund & wunderbaren Fotografen Kony, der einen Teil des besten Sommers ever so schön festgehalten hat. Stin iya mas!

IMPRESSUM

Bibliografische Information der Deutschen Bibliothek.

Die Deutsche Bibliothek verzeichnet diese Publikation in der deutschen Nationalbibliografie. Detaillierte bibliografische Daten sind im Internet über **http://www.d-nb.de/** abrufbar.

Alle in diesem Buch veröffentlichten Abbildungen sind urheberrechtlich geschützt und dürfen nur mit ausdrücklicher schriftlicher Genehmigung des Verlags gewerblich genutzt werden. Eine Vervielfältigung oder Verbreitung der Inhalte des Buchs ist untersagt und wird zivil- und strafrechtlich verfolgt. Das gilt insbesondere für Vervielfältigungen, Übersetzungen, Mikroverfilmungen und die Einspeicherung und Verarbeitung in elektronischen Systemen.

Die im Buch veröffentlichten Aussagen und Ratschläge wurden von Verfasserin und Verlag sorgfältig erarbeitet und geprüft. Eine Garantie für das Gelingen kann jedoch nicht übernommen werden, ebenso ist die Haftung der Verfasserin bzw. des Verlags und seiner Beauftragten für Personen-, Sach- und Vermögensschäden ausgeschlossen.

Bei der Verwendung im Unterricht ist auf dieses Buch hinzuweisen.

EIN BUCH DER EDITION MICHAEL FISCHER

2. Auflage 2016

© 2016 Edition Michael Fischer GmbH, Igling

Covergestaltung: Hannah Rabenstein & John Curran

Redaktion und Lektorat: Juliane Rottach

Layout: John Curran & Hannah Rabenstein

Bildnachweis:

Cristopher Civitillo: Projekt Landkarte, Jeans, Leinwand, Sessel/Leder, Geschirr, Glas/BMF-Tür, Kapitel 1 *Grundlagen* Hintergrundfoto, Alphabet-Foto bei „Fine Liner", Stifte (alle, außer Füller, Bleistift, BrushPen), Geweih & Strumpfbein bei *Oberflächen*, ABC-Heft bei *Aller Anfang*, S. 30/31 (ebenfalls *Aller Anfang*: „j" und „alles Liebe zum Geburtstag"), *Der Flow* - Foto links „fail better"

Günter Meier für kissweddings.de: Projekt Schuhe/Brautschuhe

Konstantin Himonakis: Autorenfoto (S. 142)

Frank Bässler: Foto Hannah Rabenstein (S. 2)

restliche Fotos: Hannah Rabenstein & Cristian Krieger

ISBN 978-3-86355-465-1

Printed in Slovakia

www.emf-verlag.de